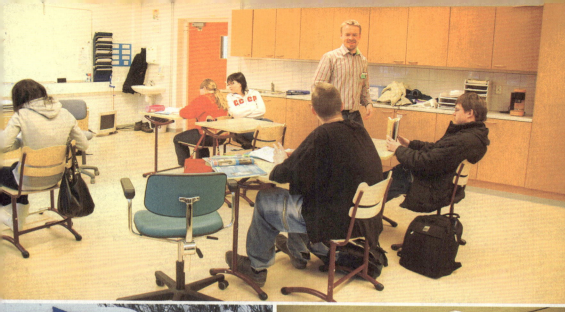

1. 学生不仅有个人的学习课程
   进度表，还有开阔的空间及
   个别辅导

2. 北极圈里的职业学校指示牌

3. 芬兰成人教育中心Amiedu的
   图书信息室

4. 芬兰一所迷你学校的女学生。
   学校虽小，却五脏俱全，学
   生也自信十足

5. 邻居海蒂三岁的儿子认真读
   着杂志

1. 更加着重与强调合作，将会
   是芬兰未来的教学主轴与教
   育政策方向

2. 教室里除了一位老师之外，
   还有两位助教在辅导班上需
   要关注的孩子

3. 老师让每个孩子都有上台分
   享个人作品与想法的机会

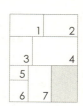

	1	2
3		4
5		
6	7	

1. 芬兰的学校几乎每个小学教室外都有挂衣架、置物区

2. 初中与高中部的孩子们有自己的置物柜

3. 全国的流动图书馆巴士，都有着为老人与行动不便者所装设的梯子

4. 图书馆所有的灯饰、座椅、书柜等无一不是出自大师之手

5. 芬兰的免费营养午餐，有面包、主菜和沙拉等

6. 餐厅区挂着每日学生们所需营养成分和卡路里建议图

7. 赫尔辛基市郊维奇（Vikki）区学校的午餐区

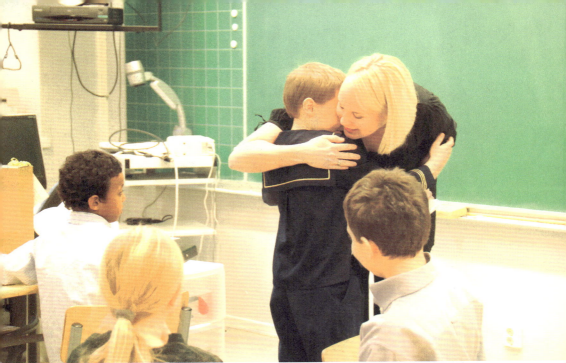

1. 学期结束老师发成绩单，给每个孩子一个拥抱，祝他们有个美好暑假

2. 上理化课的高中学生，在老师生动的解说之下人人笑逐颜开

3. 大女儿六年级上学期结束时，老师正在班上发成绩单

4. 不管画得好不好，给孩子一个机会

1. 赫尔辛基大学教育学院的教师培
   训学校

2. 英文课本里问孩子有哪些爱好

3. 专门为残障孩子准备的专用电脑
   与学习工具

4. 音乐学院里拉着大提琴的中学生

5. 残障孩子也有机会与正常孩子在
   一起学习成长

6. 芬兰堡的小学里，三位学生拿出
   自己喜爱并正在阅读的书

7. 芬兰学校的教师休息室

1. 瑞典孩子用饼设计制作的建筑
   与空间设计

2. 工艺织品课程老师正在指导学
   生制作外套

3. 六年级男生所设计、绘制的外
   套草图

4. 正要去打冰上曲棍球的男孩

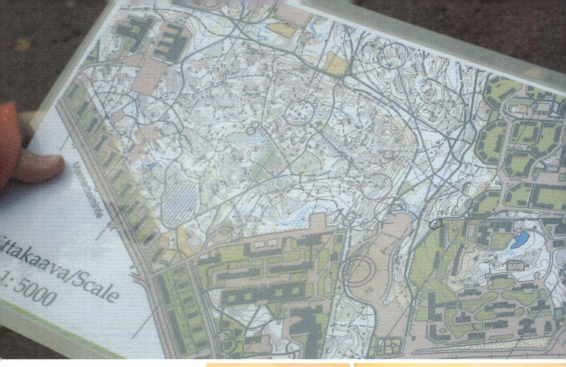

Mannerheimintie

ittakaava/Scale
1:5000

		1
	2	3
		4

1. 定向越野课的地图

2. 芬兰数学课本以芬兰国家动物"熊"为主题，将熊的出生、作息、出没、冬眠、重量、脚印等知识，融入数学题型里

3. 芬兰数学课本以密码图样的题型，希望学生用脑力激荡的方式写出八条芬兰河川的名称

4. 有着美丽细致插画的芬兰文母语课本

1	2	
3	4	
	5	
		7
6	8	

1. 走入森林里的定向越野课
2. 两个女生正在研究定向越野的方向与位置图
3. 认真打扮，赶赴市长舞会会场的女孩
4. 市长舞会后，大女儿和同学代表学校前往宣慰退伍军人，又再跳了一次学过的舞蹈
5. 小女儿在安娜学院艺术课所录制的演出CD封面
6. 典型的芬兰学校音乐教室
7. 音乐课的讲义，认识电子吉他
8. 音乐课的讲义，认识打击乐器

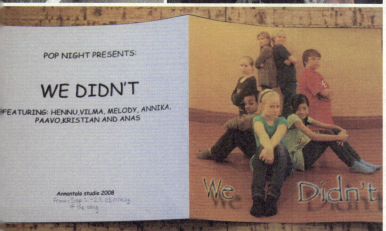

POP NIGHT PRESENTS:

WE DIDN'T

FEATURING: HENNU, VILMA, MELODY, ANNIKA, PAAVO, KRISTIAN AND ANAS

Annantalo studie 2008
From: Sep 2 - 29.08 making of the song

We Didn't

1. 正在读虚拟小说类读物的小女儿

2. 母语课老师给的阅读讲义

3. 芬兰语母语课本像儿童故事绘本一样生动有趣

4. 小学中年级学生的课外读物

5. 看似戏水，其实却是深入泳池底去捡起辅助圈

6. 大女儿在安娜学院艺术课中所设计制作的T恤

7. 劳里正在用电脑绘制着一幅古典建筑图

8. 劳里实习的建筑维修事务所

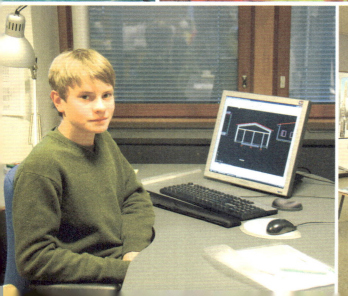

这就是芬兰，一个除了跃升全球经济力第一名外，再一次让世界看到的"教育奇迹"！

作者长年旅居芬兰，身为两个孩子的家长，透过孩子的求学过程及亲身体验，实地探访芬兰学校、参与教学研习、回溯其历史及教育改革之路，收获很多……全书没有深奥的教育论述，没有教条式的文字，有的是发自内心的认同、感动及震撼！这不仅是一本对芬兰教育的透彻剖析，也是一本提供给忧心孩子未来的父母一个释放压力的出口！

现代父母是焦虑的，担心孩子学得不够多，担心孩子跟不上成长曲线，更担心孩子输在起跑点、输掉人生……人生究竟该是一场马拉松长跑，还是一场只在乎赢在起跑点的百米冲刺？芬兰教育一心想的，是尽力帮助每个孩子找到自己人生最适当的位置，让行行都能出状元。而且她做到了。

当我们还在为"国际化"或"本土化"论战不已，当我们还在为"一纲多本"或"一纲一本"争论不休时，同样身处在瞬息万变的全球化浪潮下、同样是列强环伺的小国——芬兰，选择坚持扎实的基础教育改革，坚持以一个真正"以人为本，不求躁进、不讲形式、不以赢为目标"的教育本质厚实国力、耀眼国际！

这里呈现给我们一个完整的芬兰教育图像，一个更开放多元的教育思维！

世界最好的教育

45 给父母和教师的堂必修课

陈之华 著

中国青年出版社
CHINA YOUTH PRESS

图书在版编目（CIP）数据

世界最好的教育给父母和教师的 45 堂必修课 / 陈之华著 .
— 2版 . —北京：中国青年出版社，2016.6
ISBN 978-7-5153-4269-6

Ⅰ . ①世… Ⅱ . ①陈… Ⅲ . ①教育 – 研究 – 芬兰 Ⅳ . ①G553.1

中国版本图书馆CIP数据核字（2016）第148419号

本书经陈之华授权，同意由中国青年出版社出版发行中文简体字版本。非经书面
同意，不得以任何形式任意复制转载。

世界最好的教育给父母和教师的 45 堂必修课

作　　者：陈之华
摄　　影：陈之华
责任编辑：周　红
美术编辑：夏　蕊
出　　版：中国青年出版社
发　　行：北京中青文文化传媒有限公司
电　　话：010-65518035/65516873
公司网址：www.cyb.com.cn
购书网址：zqwts.tmall.com　www.diyijie.com
印　　刷：大厂回族自治县益利印刷有限公司
版　　次：2016年6月第2版
印　　次：2019年3月第7次印刷
开　　本：787×1092　　1/16
字　　数：120千字
印　　张：11
京权图字：01-2009-7261
书　　号：ISBN 978-7-5153-4269-6
定　　价：28.00元

版权声明

目 录 Contents

自序　全世界最好的教育 / 009

前言　回归自然的教育 / 015

第一章　社会价值，是一切的基础 ································ 017

01 让所有事物回到根本面 / 019

02 医师和厨师一样伟大 / 021

03 没有"最好"的大学 / 024

04 以最少的力，做最大的事 / 027

05 优秀不是只有功课好 / 030

06 资优，使别的孩子受挫 / 033

07 教育，是给每个孩子的 / 035

08 社会不能只看到精英 / 037

09 不强调竞争，也能获胜 / 039

第二章　以孩子为中心，是教育的最根本 ················ 045

10 以尊重孩子为考虑 / 047

11 公平正义，从小开始 / 049

12 任何阶段都不能失衡 / 052

13 协助孩子选择未来 / 054

14 不要指名道姓 No Names, please / 057

15 不为任何测验做演练 / 060

16 争第一只是永无止境的数字之争 / 062

17 不对分数推波助澜 / 064

18 让孩子尽情发挥创造力 / 067

第三章　文学、艺术、运动，全方位的学习 ⋯⋯⋯⋯⋯⋯ 071

19 女儿们的多语言学习 / 073

20 母语文学课：大家来说故事吧 / 076

21 孩子森林找路去 / 079

22 游泳要怎么学 / 082

23 在框架中学习，不是真学习 / 085

24 舞会 / 088

25 音乐课：融入"国际化"与欣赏 / 091

26 音乐："四季"里的"冬" / 095

27 认识空间、环境与建筑设计 / 098

28 工艺课里，自己做外套 / 100

29 安娜学苑的"美学周" / 103

30 艺术，动手体验 / 105

31 八年级学生，乐在实习 / 107

32 见识 Work Practice / 110

第四章　开阔的生命视野，丰富孩子的人生 ┄┄┄┄┄┄┄ 115

33 小学校的课堂 / 117

34 和学生一起找答案 / 119

35 小国的国际视野，从小开始 / 122

36 本土化可以这般精彩 / 124

37 不说学才艺，是去找兴趣 / 127

38 芬兰孩子的兴趣真不少 / 130

39 公民责任，高于自身享乐 / 132

40 品格，来自价值观 / 135

41 考试，是要让大家都能进步 / 138

42 评比，让未来更好 / 141

43 芬兰人都满意他的教育吗 / 143

44 和孩子们一起正视问题 / 147

45 美丽与哀愁 / 150

后记　童话世界里的生命期许 / 153

自序 Preface

全世界最好的教育

朋友在海外待了六年的儿子，不久前回到中国台湾念高一，这位一向认真，也乐于读书的孩子，一年来曾经多次不解地问母亲，为什么大家非得这样读书不可呢？书一定要念得这般辛苦吗？

他问母亲："你一直告诉我，这所高中的同学都很聪明，是很好的学校，但为什么有些课，老师根本没有教我东西就要考试了，所以大家只好到校外补习？"这个孩子也很纳闷，为什么中国台湾有这么多聪明的学生，却没能培养出几位诺贝尔奖得主？

他真想知道，身边这一群又一群聪明绝顶的用功同学，在这种环境下，到底能为自己的生命创造出什么未来与愿景？

巧合的是，几乎一模一样的对话，出现在2007年10月份的一次酒会上。一位有两个青春期孩子的芬兰人（亚洲女婿）对我说，"I think, you guys are crazy!"因为他亲眼看到，太太在亚洲的侄女为了升大学，而必须牺牲芬兰人视为至宝的夏日假期努力啃书。他百思不得其解，却又疼惜不已地问了和朋友儿子如出一辙的问题：你们这么辛苦，一定会比较好吗？你们这样能为自己创造出什么生活质量？你们是这么聪明的族裔，为什么无法为生活、环境等等，做出更多的创新？

待过不同国家，接受过不同文化洗礼的人们，往往会不由自主地产生跨文化冲击下的深层思索。这两家朋友，都曾经历过洲际之间的搬迁洗礼，而我也在自己和孩子们历经不同国度多年生活的时候，遇见极为相似的深刻体验。

必须要不断跨文化生活的人，常常会从一个框架被迫跳入另一个世界，再从另一个世界望见原本就熟悉，但却又已然有些迷惘的视野。只有习惯了，而且最后能适应它之后，方才会透过这一扇自己慢慢打开的窗，看见世界的多元，看到了不同的彩虹，也看到自己的家乡。

然后人们会发现，不是每个地方都是早上六点天亮；人们会察觉，不是每个地方的四季都一样。让你惊奇不已的事物，别国别族可能习以为常；你已经习以为常的管理，跨洋之后就被视为对权益的箝制；从小认为天经地义的竞争、要赢，他人却把每个孩子的尊严与权益放在最先。

而社会上普遍认为一定要给教职员工打分、分等级才会产生绩效，却有另一个社会的思维强调，只有运作有效的工会，以及引导出自发性的认真态度，才能确保教师与员工的教学与工作质量。当我们过于惯性思考，以为没有排名就会失去世界的竞争力，却有另一个天地把对学生公开排名视为社会公平性的沦丧；当我们一再听到要消弭城乡差距宛如是天方夜谭，却有一整个地理区块的好几个国家认为那是最根本的人权。

当我们总认为国家竞争力，是来自全民不眠不休的打拼，却发现地球另一端有着和我们差不多的人们，不分男女老少一年有好几周的假期，持守着朝八晚四、朝九晚五的正常作息，认为那是很具经济效益又最符合节能减碳的生活方式。

任何的事物，没有绝对的对与错，只有思维和选择不同，所带来的结果不同。

　　每回一而再、再而三地听到亚洲父母对于孩子教育的烦恼，看见整个社会对于教育未来方向的焦虑，以及最重要的，为什么孩子自小就需要日以继夜地拼命苦读？于是，有不少家庭为了孩子的教育，选择移居海外。

　　在北欧住了六年之余不禁想问：为什么我们不能让自己的子民不再想要外移？让外人因为我们的教育环境够人性、够优质、够"有教无类"而想要迁入？让我们的社会因为教育的平等、人本，而成为亚洲其他国家的人民和地区心生向往之地？

　　我们或许可以静下心来想一想，有什么更好的方式可以让教育的一切回归根本，让原本属于教育良善的一面能够发挥得更好？让大家能多一分对于教育体制可以好好关爱自己孩子的放心，而不是对于能不能考上一所"好"学校的忧心，能不能多考几分以打败其他竞争者的焦虑；让大家心生愿景地为自己的家园，种下那一棵棵百年始成的树人；将教育改革做到近悦远来，而不是去怪罪移迁出走的子民，就如同去怪罪孩子成绩表现不够好，却不愿去正视整体教育已经使孩子读到精疲力竭了。

　　写完第一本书《芬兰教育全球第一的秘密》之后，我知道自己还有许多的观察、感受和实地访谈，来不及在第一本书中深入探讨。而我仍在出书之后，一如既往、持续不断地在芬兰到处访谈与观察，也在不同的教育机构里观摩第一线教师的培养，并自费参与了两场国际研讨会。这些不停汲取芬兰教育的养分，和一再深入触碰芬兰对于教育与社会文化的心思，逐渐成为我生活的一部分。

　　如果说，我的第一本书是个人对于芬兰教育基础的全面观察，以及尝试以身为一位家长和跨文化观察者，对于"教育的基本价值"所做的剖析，那这一本书，应该就是希望能持续在某一些价值观上继续探索与反刍，看看我们能为下一代做些什么；要给可爱的子女们，许一个什么样的未来？也问问自己，击败他人、以竞争为乐，或者了解自我、尊重群体，才是未来世界需要的人才？

这些年来，世界各地的人们开始注视北欧芬兰的教育成果，对她百般好奇，亟欲探究，但多半仍以原有僵固的自我思维前来一探，以陈旧的教育观念对她品头论足，无法真正跨越既定的思想框架。

有时我不免怀疑，如果观摩他国经验到了最后，无法从根本的价值与事物的本质上，去探索自己的生活与体制到底哪里走岔了路，只是一味嫌弃他国的模式不适合解决我们现在的问题，那再派多少学者访团，再怎么高谈借鉴、学习，与"他山之石，可以攻错"，也只是在自我设定的框架里打转，顶多在原有框架的外围绕了又绕，连跨出去一步的基本方向都找不着，遑论检视自我的勇气。最后的结语就是一句话：国情不同，无法套用。

几十年的高谈阔论，数十载的教育实验下来，让一代接一代的子女成为任意施行改革的白老鼠，让社会的理念思维和教育工作无法破茧而出。虚掷、耗费的不光是教育学者的苦心孤诣，更是一连好几代的生命成长历程。

不记得多少回了，我们行车往返东欧以至波罗地海诸国，更在遍访北欧各地时，我会深深怀疑、纳闷着，怎么芬兰有的，别人都有，可是别人有的，她却不见得有。

而最让人不能理解的是，为什么拥有这么少资源的她，却愿意一步一脚印地走向自己心中认为最适合自己，不偏不倚持守的"人本"道路。

她，鼓其余勇的不去仿效、正视自我，实实在在、亦步亦趋地走自己的路子，不以全球评比为悬念，不以"赢得全世界"为依归。

恍然之中，我惊觉芬兰就如同一本最生动贴切的励志书，也是一个孤独行走自己道路的最特别范例。每当自己做事做到想要放弃、逃跑之时，看着这个苦寒之地如何徐图再起的艰辛历程，我就会对自己说：不必急，没什么大不了的，只要想通了、选对了，就走下去吧。坚持，虽然苦涩，但终究会结出果实。

芬兰坚持做自己在行的事，回归根本、为生民寻找可长可远路径的心，为许多茫然、迷途、忧心、苦恼如何为下一代找出教育基本意义的国家与人们，提供了一个深深研究思考的模式与指引。从她身上，看到的是一份反璞归真的求本精神，是一个社会与自我成长、自我负责的价值观。唯有一切回归到事物的本质，才能创造出自己独一无二的特色。

所以我想，21世纪芬兰教育带给大家最好的礼物，应该不是去仿效她，因为她自己都不认为世上有"完美的模式"这件事；我们该试着去探求的，应是芬兰教育所关注"争第一"的竞争力技巧，或是在启动每个人对于教育基本价值观，与生命和人本价值的思索。

这本书共有四章，其中有部分章节曾经发表在杂志专稿和我的"北国风情"博客里，不过内容都做了些许的调整。而各类课程的描述部分，虽然我家两个孩子是念了以英语教学系统为主的芬兰学校，但这两所学校的课程，都完全依照芬兰教育当局的国家核心课程纲要制定，至于我所写下的众多学生与老师的例子，则是综合了过去多年，陆续在各地的访谈纪要，以及在芬兰多所教育机构的观察、询问，再对照核心基本课纲的研读心得而写下的。想要书写出来的实例不少，限于篇幅关系，就先择其部分内容来做叙述。

感谢2008年3月间，在我第一本书的撰写几近尾声之际，天下文化的邀约，让我有机会继续把对于芬兰教育和跨文化研究、体会、观察的心得，分享给更多人。

最后，我个人把这本书所获得版税收入的百分之三，将于每年年底请中国青年出版社代为捐赠给"捡回珍珠计划"的浙江平湖市新华爱心高级中学。

一如我在第一本书里说的：谢谢您来看这本书。

陈之华

前言 | Preface

回归自然的教育

天晴时刻，波罗的海的天空湛蓝纯净、饱和明晰，不论赫尔辛基的户外气温到底有几度，只要阳光肯现身，再酷寒的天气，都能让走在街道上或冰冻海面上的人们，深深吸一口气，再徐徐吐出来，只见到那一团呼出来的气，随即转化为白茫茫的烟雾，在眼前缓缓消失匿迹。

仰起头，天际之间正是像宝石一般璀璨纯蓝的大自然色泽，而白色冰海与天空相会的海平线外，可见到片片树林，与芬兰湾冰海面上冒出头的零星岛屿。赫尔辛基，这个波罗的海的女儿，总是希望让自己在近两百多年的城市发展上，找到与周遭环境的一个平衡点。她没有大都会的霸气，没有人定胜天的狂妄，只有期许平和、安适、尽力而为的氛围。

芬兰和她的北欧邻居们，在社会制度与政经法令上有许多相近之处。她们同是社会福利国家，坚持一个社会必须要有相当的公平与正义，执著于建立众人生而平等的教育基础与公民权益，并以注重长远规划、不疾不徐、踏实稳健、廉能自持、尊重律法等信念，来面对上苍赋加给她们最严酷的自然环境，和令人望而却步的气候挑战。

长久以来，她们巧妙地让自然与环境，变为自身最佳的心灵释放与精神归属。

她们把无法选择的劣势环境，转化成优势的激励能量，透过与大自然的相处，学得了谦卑，体认了人的渺小。她们知道，人或许自以为可以胜天，但却永远不应该去藐视大自然；她们更知道，虽然要讲求经济发展，但却必须要能长远地和自然取得平衡，不能以短视的急功近利去任意妄为。在她们的眼中，自然和人民才是国家社会最重要的资产，所以，一定要两者都能顺其性、适其性地悉心培养，整体社会才能真正走上永续经营之道。

北国的四季，春苏、夏休、秋收、冬藏，本是大自然的周期与定律，任何人都难以遁逃。这里鲜明的四季，以及白昼黑夜有如鸿沟一般巨大的变化，让人们的安身立命极不容易，面对漫漫长夜的冬日，人的心灵力量与肉身耐受，总是受制于大环境，心底或多或少带了点忧郁与无奈，无法和南方国家艳阳充足的人民一样，乐天开朗。

从无以逃避而必须面对的务实生活中，她们学到了不能只为了求竞争与"赢"，而去破坏与自然相关的事物，这当然也包括了人的生理、心理与成长周期。因为下一代如果只从大人身上学到了违背自然定律，就如同前后世代一起破坏了大自然，也违反了未来子孙的基本生存权与人权。

第一章
社会价值，是一切的基础

01 让所有事物回到根本面

盯着芬兰教育评比的人们该好好思索，追求与学习那个绝对第一的用意在哪里？是学习她背后动人的精神与追求人本的价值，还是只为了学她得第一的"技巧"？

一个午后，在芬兰举办的国际研讨会上，我遇见几位亚洲来的学者，他们问我："你认为芬兰教育好在哪里？"

"嗯，好在……很人性，也很务本。"我缓缓说出心中的想法。

他们接着问："怎么说？"

我知道他们必定有此一问，就接着说："因为她不矫揉，不做作，不为了要去'赢'而教，不为了要'争'而争，不去'分化'孩子，不把孩子'贴标签'，不做无谓的较劲，这其中包括老师、孩子，更包括了学校。"

"可是，要怎么才能做到呢？"

我回答说："这得让一切事物，回到根本面！"

这问题该如何回答得更中肯、更清楚呢？我停顿了一下，继续说："从思索教育的本质，仔细去了解什么是教育，什么是义务教育？什么是社会的根本价值观？让一切从观念和想法上去着手。"

除此之外，当然，教师的培训与养成绝对也是重要的一环，因为任何改变要能成功、长远，必须要有适当的人才与资源的顺利接轨。

但是，教育改革的关键，还是在于整体社会如果能多一些思想的改变，以及整体观念的扭转，让原本狭隘功利的价值观更趋向多元、开明，或许，整个改革过程才会更正常、顺利些，孩子们的养成生涯与求学过程，也会更快乐与有弹性。

这几年来，我总是在想，或许21世纪初，芬兰教育的崛起，正好提供了许许多多的国家和人们，有机会去思索一种不一样的思维。与大家习以为常要"拼"要"赢"的那种功利至上主义相比，芬兰这种反其道而行的教育模式，让孩子不需要用"硬拼"的弱肉强食，也能有自己的前途。

芬兰就像是雨后天晴时的那一道彩虹，为雨雾阴霾的天空，投下一道七彩的光明，让我一再去思索，为什么全民不用案牍劳形、拼死拼活，不用汲汲营营、只想要"赢"，国家也能有国际评比名列前茅的竞争力？人民的素质与养成、社会文化的气息也不落人后？

而她为什么不使用众多国家与社会笃信的"精英教育"，却能成功打造出一个整体水平既高又平均的国力？

她所走出的一条路，是教育体制不去选取可能连十分之一都不到的所谓"精英、资优"为主力，而以平等的"全民都是精英"的国家义务教育兴学方式，把其他社会与国家吝于投注资源的十分之八于广大学生，都尽全力去教好、去培养起来，其结果，必然会比只有那区区百分之十的所谓资优生，整体教育水平更为出色。

或许，终有一天，在各国纷纷加强自己学生的各种评比基础之后，芬兰教育不再是全球第一，那她可能就不会被争相学"第一"的亚洲国家所注意。不过在此之前，盯着芬兰教育评比全球优异的人们或许该好好思索，追求与学习那个绝对第一的用意在哪里。是学习她背后动人的教育精神与追求人本的价值，还是只为了学她得第一的"技巧"，而终于赢得一时而沾沾自喜呢？

各种各样的排名统计，总会因为不同的主、客观因素而起起伏伏。但是教育的本质与概念，却永远不是任何排名所应该去影响的。教育的本质与概念，应该比赢得第一名来得更重要、更有意义吧！而北欧芬兰"以人为本"的基础思维，正是不断迈向永续经营的新世代人们，最值得思索的教育课题。

在北欧，你我没有比任何人更伟大，也没有人是不可或缺的，任何人再伟大，也绝对比不上自然伟大。望着湛蓝的天际和林间赭红色的枫叶，芬兰四季里的冬，已经又在不远之处悄悄迫不及待地现身了，"伟大"的人们，真心想要改变大自然与天候的运行吗？

行走在赫尔辛基的海湾公园里，看着活蹦乱跳的野兔和在树枝间奔跑来去的花栗鼠，在绿地覆盖面积全球名列前茅的这座城市公园中，无拘无束地与游人擦肩而过。

两旁森林里一株株高耸的树木，虽然即将在冬季里落叶至光枯，但我知道，下一个春天，它们又将再吐出新芽，欣欣向荣起来。

万物在北国，让来自亚热带的我，看到了宇宙生生不息的鲜明；也让我了解到，违反了自然，将孩子在懵懂向学的时期，就大笔一挥地分了类，到底是一定会使社会发展得更为美好、快乐、完善、健全呢？还是随时等着大自然的反扑？

02 医师和厨师一样伟大

在芬兰，国会议员不会比厨房的阿姨更了不起。大家各司其职，各有所长。这正是"职业无贵贱，行行出状元"的开端，也是人人相互尊重的起点！

每年的三月天，让北国人们不自觉多了几分欢欣鼓舞。眼见日照时间逐日增长，代表即将与漫漫严冬挥别。人们随着天际日趋开朗、夏令时间开始调整，亮眼瑰丽的蓝天日光逐渐现身，而真心向往着晴天艳阳的来到。

一个三月天的大清早，我来到了赫尔辛基市芬兰湾旁的哈卡岬（Hakaniemi）区一栋古色古香的百年建筑里，参加一场芬兰国家教育委员会（The Finnish National Board of Education）所举办的国际研讨会议。

一位日本教授在回廊上看到我，跑来说要问我一件事，然后吞吞吐吐、语重心长地问："为什么在芬兰最受敬重的职业是老师呢？"随后她很客气地又问："怎么不是医生，或是律师呢？"

接着她说："知道吗？在日本……"她还没说完，我就接上说："是医生和律师。"她既困惑又腼腆地点了点头。

这个亚洲社会有点习以为常的问题，到了芬兰，或许真该改为：谁说一定是医生和律师？

有时我以为，医生固然伟大，但还有许许多多不同的职业，像是不同的螺丝钉，组成这个社会，每颗都一样重要。不知是不是因为在北欧住了六年，还是因为在不同国家待过，我心底那股声音，总是强烈地呐喊着。

记得有一回，我在芬兰的国会大厦和一位资深的教育委员会参事餐叙，她谈起芬兰社会对"人"的尊重，以及"平等"的真义。这位走过将近一甲子，看着芬兰从沧桑到发展的资深专业行政官员，指着大厅里熙来攘往的人潮，真诚地对我说："在这里，国会议员也不会比厨房的阿姨更了不起。议员或部会首长，只不过是有不同领域的专长罢了。大家各司其职，各有所长，相互尊重。"

希望能做到"相互尊重"的这种想法，在芬兰与北欧各国可说是如出一辙。北欧社会一直相当重视"平等"，就芬兰整体社会价值观来说，无论是从事哪一种职业，只要将自身的工作做好，就能得到应有的尊重。

每隔三四个月，在我忙不过来的时候，会请人来家里帮忙大清理。这些专业的清洁人员一行两人，两个小时内就能清扫得焕然一新，我和女儿都觉得他们实在太棒了，比我这个"主妇"能干许多！

以芬兰的工资水平，相较于我写稿、写书所能赚到的钱，可真是远远比不上他们。他们在最短的时间做到了我不很擅长、无法花费心思的事，对我和家人的生活，在必要之时提供了最直接的协助。两位女儿也对他们竖起大拇指，打从心底佩服。他们赢得了专业上的地位与肯定，不论他们的出身背景，不论他们的教育程度。

只要做得好，就得到应有的报酬与肯定，这不正是"职业无贵贱，行行出状元"的开端，也是人人相互尊重的起点！

我不时会想起一位芬兰专栏作家席马能（Pekka Himanen）于2007年9月在英国《金融时报》（*Financial Times*）上所写的一篇文章，其中记录了一段芬兰前任总理，后来当了总统的凯寇能（Urho Kekkonen）与一位清洁妇人（作者席马能之母）的对话：

一晚，清洁妇人正在打扫总理的办公室，总理突然回来了，让妇人一时慌张起来，但总理却说："很抱歉，我打扰你的工作了。"

凯寇能总理又继续说："芬兰能有今天的成就，正是因为有像你这样愿意全心投入、奉献于工作和家庭的人。"

他如此平等地对待这位妇人，让她长期以来的梦想得以实现："我身为人的尊严，就是希望能够获得别人平等的对待。"①

或许，亚洲的父母与社会观念里，总是希望孩子们将来能从事很有"钱途"的工作，或当个稳定的白领，工作不要太辛苦，因此父母会先设想哪个职业是"铁饭碗"，哪个行业有前景、有社会地位等，为孩子勾勒一个看起来美好的未来，但却没有真正静下心来去了解：孩子的兴趣何在？孩子的性

---

①：专栏作家席马能所写的原文是这样的："...I'm sorry that I have interrupted your work like this."he said,continuing,"It is people like you,who put their heart to both their work and family,that makes Finland what it is"He treated her as an equa,fulfilling the dream she had always shared:"I dream that my dignity as a human being is recognized."Financial Times,Sept,2007.

格与学习过程适不适合这些职场选项？甚至孩子是不是真心喜欢这份职业？

有一次我在芬兰中部的一个小镇上，参加完音乐比赛，和一群家长、朋友与身兼老师的芬兰音乐家共进晚餐。边吃边聊之间，我问了在座的五位芬兰人，为什么当初会选择念音乐，或是当老师？

他们听了一起侧头看我，又互相望了望，看来我似乎又问了一个他们不视为问题的"蠢问题"。我补充说："是因为父母的关系吗？还是父母帮忙选择的？"

五位芬兰朋友，这时竟信心十足且异口同声地说："那是我们自己的选择！"

当然，芬兰的社会福利制度相当完善，只要任何人完成缴税义务，日后都可依据自己过去的工作年资，领取退休金，并享有国家医疗和社会安全照顾。因此，庙堂之上和清洁打扫的人，皆是纳税义务人，实在没必要在职业地位上一较高下。

当社会上多数人都能安定地工作，放心地纳税，安心地退休，那么到底要从事哪种职业，反而不是那么重要了。成长中的学生对未来志向的选择，也就比较能依照自己真正的兴趣去发展。

03 没有"最好"的大学

芬兰没有人人心中非念不可的某A大，这种亚洲社会最喜欢标榜的"第一志愿"，只希望给想念书的孩子一个不断学习的机会和环境。毕竟任何人念书，应该都只是为了自己。

去年年初，一位从台北来访的朋友跟我嘀咕着说："唉，现在中国台湾大学这么多，却好像只有三所可以念。"朋友随后马上又补充了："不是啦，我是说，大家都认为只有那三所才是'大学'啦……"

在海外几年，听到这话，我第一个反应是：天啊，这是什么样的价值观呢？几十年来的教育改革，如果到现在反而更趋向M型的升学至上思维，那几代以后的孩子不就会愈改愈苦，也更不知为何而念，为何而选！

可想而知，未来的父母们当然会更烦忧了。

还记得有一回，一位A大的教授笑着跟我说："现在的大学，只有A大的学生可以教。"当时我只是笑了笑，当他是说玩笑话，听听就算了。

但写完第一本书《没有资优班》（简体中文版名为《芬兰教育全球第一的秘密》）之后的几个月，我心底却还不断地回想、思索这些愈来愈觉得匪夷所思的言谈。为什么会出现这样的想法呢？

如果"只有三所好学校"的理论真的成立，那其他的必定是废人烂校啰？其他的孩子们必然是扶不起的阿斗啰？如果孩子只因为受测当时，"智力"成绩表现差了点，就被贴上标签、打入冷宫，那这样的教育体制，到底是在做育英才，还是"毁"人不倦呢？当老旧颟顸的教育体制，面对那些有自己想法、不照着体制规范直线奔跑的孩子们时，是该因才施教，找出适合他们的教育方法，还是只想省事地直接把他们划入"后段"呢？

对于不会念书的孩子们，我们是不是该多给予一些鼓励、赞许，而非不断地嘲讽、责怪他们拖累了学校的升学率？

记得一个仲夏日的傍晚，我和先生正在看网络上的中国台湾新闻越洋直播。一位年轻的电视台记者在采访一位考试分数足以上中国台湾最高学府，但因为本身志向最后选择位于新竹另一所知名大学的高中应届毕业生。这位记者劈头第一句话就直接问："你没有选择A大，会不会后悔？"

当时在世界另一端的我们听到这问话，差点没有从座位上摔下来。我俩互相看了看，大笑且嚷嚷叫着："哇塞，这是什么问题？！"

记者这样子提问，在北欧国家应该会引起公愤吧，因为这明显是一种"歧视"。

后来在芬兰遇见一位从中国台湾来的私立院校教授很无奈地跟我说：
"这种问题，正是反映出我们的社会价值观啊。"

是什么样的体制，和什么样的教育风气，造成了这样可怕的观念？是
什么样的环境与养成方式，让一个国家和人民无法很有自信地说：我们的
学校都很好。不管孩子在东南西北哪一处，不论念哪所大学，水平都不会
差太多！

在约瓦斯曲莱大学进行访谈时，教育主管学院（Institute of Educational
Leadership）的阿拉瓦（J. Alava）院长和我谈起自己两个孩子以前的求学情况。
他开怀地说："我女儿选择了普通高中，但我儿子是志愿去念职业学校。他
中学毕业时，对于电机方面的职业课程很感兴趣，所以在职校拿了个职专学
历，毕业后在造船公司工作一阵子后，又想再继续研读电机方面的知识。"

他接着说："我很赞成，所以他后来继续到应用科学大学①念了电机学
士学位。"

随后他又说："你猜他后来怎么样？"

我忍不住抢答："他说，要再去大学进修！"

教授大笑着说："你怎么知道？！"是啊，芬兰现在的教育体系，就
是希望让学生在未来学习路上更具有弹性。

"他说想当老师，所以就再到土库大学念了一个教育相关的硕士学位，
主修物理和数学。他现在有三个学位！"教授将职校毕业的专业证书，也
算在其中呢。

他接下来说："所以在芬兰，我们希望给想念书的孩子，一个不断学
习的机会和环境，体制只会愈来愈有弹性。毕竟任何人念书，应该都只是
为了自己啊，不是吗？"

---

① : 芬兰在20世纪90年代于各地设立了综合科技学院（Polytechnics），综合科技学院在这
两年间已相继更名为应用科学大学（University of Applied Science）。

我笑了笑说："是啊。"

在芬兰，全国平均约有六成的中学毕业生选择继续念高中，近四成的孩子会选择读职业学校，只是各城市与地区的就读比例不一，但就读职校的比例已经明显有逐年增长的趋势。①

如果你问芬兰的父母或孩子为什么念职校、念高中，绝大多数人都会说，是孩子自己的决定。或许每个家庭的背景与文化传统都不同，但最有趣的是，他们不会全体一致地以考上某A大，或是某A中为受教育的目标。老师不会如此，学校更不会这样做。因为学习生涯志不在此，所以芬兰没有人人心中非念不可的某A大，或是绝对性的某A中，这种亚洲社会最喜欢标榜的"第一志愿"。

没有必须赢过别人才能进入的第一志愿，那就不会在教育的初始阶段，设定一个注定要扭曲学习心态的目标，而能平实地以孩子未来想从事的志趣，作为长期教育的基础，父母与师长也就不会被教育"绩效"所蒙蔽，不被"升学率"高低所牵引，而较真挚地以孩子们的材质、个性为出发点，设计、执行整体良善的教学内容和教育制度。

04 以最少的力，做最大的事

一个坚实的国力来自健康生活的国民。芬兰长期以来让全球刮目相看的国家竞争力，不过是让人民正常教育、正常选择志趣职业、正常上下班，如此简单的方式，所建构起来的。

———————————

①：芬兰近年来选择念职业学校的比例，一直在增加，从2002年的36.7%，到2006年已有超过四成比例；2008年芬兰教育部最新公布的数据比例如下：2006年职业学校40.1%，普通高中51.1%；2005年职业学校39.4%，普通高中53.3%；2004年职业学校38.4%，普通高中54.1%。

一次研讨会结束，正要离开会场，发现整栋大楼安静无声，一位同行的日本教育界教授惊讶地问我："人呢？"

我说："都下班了。"

她不可置信地张大眼睛说："怎么这么早？"她看看表，还不到下午5点。

我浅浅笑着回说："是该下班了。芬兰有些公司采弹性上下班制，有些人8点来上班，下午4点就可以下班了。"

"我女儿在日本，每天晚上11点都下不了班。"日本教授若有所思地说着。我知道，亚洲的职场习性，加班是"常态"，准时下班反而被视为一种"病态"，代表不认真、不尽责。其实，这个"常态"是自小就必须晚上补习或上辅导班到深夜，将"病态"慢慢扭曲而成的。当我们觉得北欧人不可思议时，他们大概也对我们百思不得其解吧！

有时，计划要来芬兰采访的中国台湾朋友会问我，可否约在周末进行访谈。说实话，这话我还真无法向芬兰人说出口，因为除非必要，周末可是不能打扰的一种隐私。我记得英国大使馆的周末或假期时，办公室总机的电话录音机会说："以上周末值勤电话，除非是性命攸关的紧急事故，才会进行处理。"英国使馆的朋友也说："Come on，周末假期，是一种不可打扰的人权。"

当"节能、减碳"口号喊得震天响时，在中国台湾的朋友说办公室空调温度调升了数度，让一向极为怕热的他直喊不舒适。我跟他说，其实只要正常上下班，就能直接减少电灯、冷气和洗手间的使用，不就能节省成本了吗？只要把大家的生活调回正常，而不继续把病态的超时工作、加班卖命当成"常态"，不就得了吗？

记得先生以前工作的地方，想休假必须很低调，甚至更早期还得看长官的脸色。休完假回来，还可能会被人投以鄙夷的眼光，仿佛在说："你们年轻人喔，真的是……我们以前可都是不休假的！"而在外商公司工作过的我，最先开始适应的，就是年初时大家就会把今年希望休假的日程预先规划、讨论好。两种不同的文化与生活习性，带给我莫大的冲击与思考。

亚洲社会的习性与职场，似乎正是自小习惯的延伸，这与北欧社会习惯要正常生活、正常工作、正常休假的基本出发点很不同。就是因为身处于必须要把休假及早规划好的文化中，所以北欧人民就养成事情必先规划、联系好的习性。而计划型做事、长远式思考所带来的观念，以及所建构起来的教育、社会、法律、文化体制，就在国家发展与国力养成上形成稳固的基础。这和亚洲社会夙夜匪懈、案牍劳形，甚至经常引起"过劳死"的伤感，有很大的不同。

当然，有些亚洲人可能会很不屑地认为，北欧国家就是办不到！她们的人民太注重享乐了！

一位长期在日本工作的朋友来到北欧工作多年后，心有所感地谈到亚洲国家的"竞争力"，总是建构在不顾自身的健康与人生，以焚膏继晷、日夜操劳的方式，牺牲"小我"来成就所谓的"大我"。几经北欧多年洗礼后的他不免有所感慨地说，唯有健康稳定的"小我"，才能发展出坚实的"大我"啊！

芬兰与北欧，长期以来让全球刮目相看的国家竞争力，不过是让人民正常作息、正常教育、正常选择志趣职业、正常上下班、正常休假，"以最少的力，做最大的事情"，如此简单的方式，所建构起来的。一个坚实的国力来自健康生活的国民，或许正是这个道理吧。

曾任芬兰外贸部长要职的莱托玛琪（Paula Lehtomäki）女士，上任时年约三十岁，没多久发现怀孕了，就和总理与内阁请了八个月的产假和育婴假。而且总理还帮她找了一位代理部长，八个月之后再将职务交还给休完产假准备复职的妈妈部长。莱托玛琪女士在下一任内阁转任环境部长时又怀孕了，再度请了八个月的产假和育婴假，总理一样帮她找了一位只做八个月的代理部长。

这在亚洲社会里可能吗？八个月？八星期都已是"太超长"了吧！可

能八十天就会被要求"卷铺盖"！要做部长的人多的是，哪轮得到休息了八个月的人再回锅？

莱托玛琪女士在休完第一次产假和育婴假之后，以外贸部长身份同时担任芬兰的欧盟事务部长，因为当时芬兰出掌欧盟轮值主席国（每半年轮一次），她不仅要做好离开八个月的外贸事务，还要协调芬兰与欧盟的主席国职务，筹办好几场欧盟国家间的元首高峰会，以及欧盟与亚洲国家间的十几场元首高峰会。没出乱子、没有差误，当然这不完全是她一个人的功劳，但她就在那个职位上，负了该负的责任，做好该做的事情。总理和内阁、国会，没人质疑一位刚休完八个月产假和育婴假的妈妈无法任繁理巨。

"竞争力"，应该是一种以全民健康成长为基础的国力建构，而不是要大家从小牺牲奉献的扭曲。北欧社会的平等教育、社福至上，似乎给了人们另一个反射镜：国家社会的稳定根基，是否更该以长远的角度来看待呢？

05 优秀不是只有功课好

女儿常会说，谁的网球打得真好，谁的体操真棒，谁又会打爵士鼓等。她说起这些同学间的"兴趣"与"才能"，就像是我们在谈着谁的学业成绩比较"优秀"一般！

"蓁蓁，阿嬷担心你回来中国台湾的中文喔……你以前的幼儿园同学，那个蕾蕾，还有慧慧，她们现在都很优秀！"

"阿嬷，你说什么啊？"大女儿似懂非懂，阿嬷又说了一次："我说，她们很优秀啊！"

"什么叫优秀，阿嬷？"满脸困惑的蓁蓁歪着头问。我想阿嬷可能不知道她不太懂"优秀"这两个字的意思，就直接在一旁插嘴嘀咕说，就是指功课很好啦！

想不到，大女儿竟然直觉地答说："阿嬷，功课好不叫优秀啦，那请问她们在音乐上表现也很杰出吗？擅长什么运动吗？有没有其他的talent（才能）或是hobbies（兴趣）呢？优秀不是只有功课好，应该还有某些特别擅长的东西，或是人格特质吧？"

在一旁的我不可置信地眨了眨眼，刹那间，我倒是听傻了。

其实，大女儿在她芬兰英文学校的同年级生中，如果根据一般人固有的看法，称得上"优秀"了，也就是学业成绩还算不错。这是因为她本身对于成绩和各方面表现，自我要求都蛮高的。不过她觉得这是非常个人的事情。在学校，老师也从来不会去特意宣扬，某位学生或某个班级的成绩多好，或是把哪位同学、哪个科目是几分，当成任何负面教材的示警。

所以，相当有趣的是，同学之间不会特别佩服成绩好的孩子，反而对于具有不同才能或兴趣的孩子更为欣赏。像是女儿常会说，谁的网球打得真好，谁的体操真棒，谁又会打爵士鼓，又会花式溜冰等。她说起这些同学间的"兴趣"与"才能"，就像是我们在谈着谁的学业成绩比较"优秀"一般！

这个阶段的芬兰义务教育，没有必须公布谁是"第一名"的压力，也不需要刻意由校方或师长去"点名"谁成绩优秀、谁又需要"见贤思齐"的鞭策。有些学校唯一有点"表扬"意味的，就是如"年度风云学生"（Student of the Year）的选拔。基本上那是由同年级学生票选出来的，所以"成绩最为优异"不是唯一选项，而是由平常最受多数同学喜爱与认同的人获选。这样的孩子通常EQ不会太差，学业与兴趣各方面也都能平衡发展。孩子眼中的"好"，就是那么直觉、那么生活化。

蓁蓁说的一点都没错，也不禁让我静下心来想一想：为什么长期以来，只有功课好的人，我们才称为是"优秀"呢？

在北欧生活了这几年，她所教会我的不仅仅是以不同视野角度去看人生价值、看学习真谛，连带也让我去深入思考一直以来大家已经习以为常的思维框架，和对待孩子们的"标准"。

蓁蓁在芬兰小学六年级结业时，拿到了学校的奖学金，但因为期末当天家里有事，所以她一直到七年级开学后才拿到了那份奖学金，和一座由同学票选出的"年度风云学生"奖杯。

开学第一周本来想要领取的奖学金，却因为校方忙，此事又多搁置了一周。

有天我开车的途中，蓁蓁突然说："妈咪，我拿到的那份奖金，会不会是某某科目的最佳进步奖？"

这话让我满惊讶的，于是问她："你们还有科目进步奖？"

她笑着说："妈咪，你不知道啦，我们同学曾经拿过的奖学金有很多种：有表现良好的、有某科目进步很多的鼓励奖，还有人因为和班上同学们格格不入拿到超级信心鼓舞奖呢，另外老师也会根据不同情况给予特别的奖喔……"

她一路很开心地说着，但最后她悠悠说出口的一句话，最让我感触良多，她说："我认为这些奖都很好。"我停了一会儿，开玩笑地问她："为什么呢？以前你不是只要某科目没拿到9分（满分为10分）就快要哭了？这回竟然会说自己的奖学金可能是某科目进步最多奖？"

她看看我，然后说了："因为我觉得这样是很公平的，奖励不是一成不变的，也不只是成绩好才有奖，这对其他多数同学来说是很大的鼓励。"我心满意足地拍拍她的手，赞美她说："你能这样想，绝对是你最大的福气。"

小女儿就读的赫尔辛基瑞苏中小学的校长曾经对我说："我们从来不会因为孩子的成绩是最顶尖的，而发给他奖学金，而是从不同的角度来选取。有时候，我们会从班上前五名之中来挑选，但也会依照不同的科目进步情形，或学习过程展现的特质，来分析这个学生有无实质的收获。"

她接着神情更严肃地说："如果一个孩子的分数比别人低了一些，但却拥有其他人所没有的人格特质，或更好的同侪合作能力，或更佳的人缘等，老师就会很希望这位学生能得到实质的奖励。所以，我们绝不会只以学期分数或科目成绩为单一标准，去评断谁比较应该被鼓舞。而是希望把这些为数不多，但能让孩子们很开心的奖金，给予真正合适与需要的学生。"

后来，大女儿小六毕业拿到了30欧元的奖金，拿到奖金的原因，不是如她所想象的是某一科目的进步奖，而是因为她被师长们公认为很有智慧、有领袖能力、人缘超好。她回家之后一直开心地跟我说着。

06 资优，使别的孩子受挫

成绩不是用来表扬、较劲或羞辱其他孩子的工具。芬兰教育者早就了解到，不要让孩子在幼年时期，就被大人簇拥着去一较高下，在心灵还不成熟的阶段，就学会恃宠而骄或打击他人。

在我上一本书出版之前，为了书名和出版社通过Email来回讨论过无数次，快要定案之前，有天大女儿突然问说书名到底叫什么。我告诉她目前倾向以"没有资优班"为主，并用英文解释了一下。

没想到她以英文脱口就说："资优班不好，因为它会让其他孩子们很有挫折感。将资优班级特别标志出来，会让其他学生觉得自己既没天赋，又不资优（non-gifted, non-talented），也就是会让孩子认为自己只是个庸才，不够好。"

听到当时才12岁的她居然能脱口说出如此深具同情心的话语，我一下子愣住了，甚至说是吓了一跳都不为过！我想，这样的评语，应该不容易出自从小在"竞争"环境下成长、习惯赢过别人、以分数论高下、考试成绩一向名列前茅的孩子身上吧。

几周之后，我们来到挪威奥斯陆，顺道造访了朋友的家庭。无独有偶，当我们一起谈论起资优班这个话题时，朋友在挪威读了两年书的18岁大女儿，竟然也脱口说出了和我家女儿几乎一致的论述与观点。

我被深深触动，心底一直想：到底是什么样的教育，会让她们在如此年幼的时候，就去思考分班、分类将对孩子们的心灵造成什么影响、是否会让孩子对自我有负面评价呢？而又是什么样的教育体制和环境，会让这些孩子没有面带嘲弄地说：成绩好的人去念资优班是当然，进不了资优班的人是自己"资质"不足、不够努力；资优班的人本来就比较厉害，进不了的人就是笨……

为什么，这两位12岁和18岁女生的言谈之中，能道出对于社会公平与正义的诚挚要求呢？又为什么在一个高度强化"竞争"概念的社会下，资优生或精英分子反而不见得会有这样的同情心与正义感呢？

我对于孩子们能自然而然表达出这样的想法，心中竟产生了丝缕的敬意。我想，或许有一天，她们会进入一个讲求弱肉强食，适者生存、不适者淘汰，"竞争"就是一切的环境，因而改变了她们原先的心态和想法。

但是身为一位母亲，只要忆起孩子们曾经有过"教育必须公平"的思维，心里总还是会有一丝骄傲吧。

就大女儿来说，她在学校的人缘很好，学业成绩也不错，但却不会以为自己有多厉害，因为她知道自己哪里还不够好。这个环境不鼓励大家只去恭维好学生，学校和老师也不会一天到晚说哪些学生成绩比较好，哪些人不用功，所以很差，因为成绩是学生个人的隐私，不是用来表扬、较劲或羞辱其他同学的工具。

在芬兰，肆意公布孩子的成绩是极不道德的行为。即便是在大学，若教授选择公布成绩，也会建议采用匿名方式，主要是希望成绩高低的落点，只作为学生个人的参考，而不会被用来公开比较。

就因为这样的环境，所以不会有"资优班"这种事存在，从制度面去造成不公平、不公义。芬兰和北欧的教育者们早就了解到，不要让孩子们在懵懂幼年时期，就被大人们簇拥着去一较高下，在心灵还不成熟的阶段，就学会恃宠而骄，或打击他人的恶习。

这种不会在孩子小小年纪时，就只把学业成绩当成学习成果、评比排名的教育方式，让我看到了一种回归人性、尊重人权的养成模式，而它所散发出来的人文精神，也显现出人性中朴实的良善基本面。

07 教育，是给每个孩子的

人都有弱点，但教育不是去再加深、强化这些弱点，来引发出教育的不平等，而是应该想尽办法去改进个人的弱点，同时不去为不同弱点的人，贴上"资优"与"后段"的标签。

芬兰许许多多教育专家官员都曾不约而同问过我一句话："过度强调竞争的好处，到底在哪里？"

其实，人到了一定年龄就会发现，一个人的成功与否，背后实在有太多的因素，而成功的标准与定义也有各种不同的说法。同样的，一个孩子成绩的好坏，背后也有很多因素：每个人的开窍时机不同，每个人的出生背景、生活环境不同，每个人遇到的老师不同……即使同一班的孩子聪明才智都差不多，也会出现不同的学习成果，因此很难过早就用同一把尺去评定孩子的表现。

2008年9月间，送了一本《没有资优班》（简体中文版《芬兰教育全球第一的秘密》）给小女儿学校的校长。她一开始就很好奇地问起书的内容，我有点腼腆地用英文解释了书名后，接着说"资优班"在你们这儿好像不是一个问题，在我们国家却是个很大的议题。

"那，其他的孩子怎么办？"校长很具教育家关怀的心，而她也果真直接命中我最害怕的核心问题：不在"资优班"的孩子们，怎么办？

我沉默了一下之后，问她："校长，您的观点怎么和我十二岁的女儿一模一样呢？"她笑了起来。

接着我再问她："像您这些一路走来的优秀学生，在长大之后，为什么还会想到学生受教的立足点必须平等，还有教育体制必须公平正义这件事呢？"

"因为我就是在这样的环境下长大的！"她想都没想就回复我。

一个人的价值观，确实是来自于儿时的养成过程。但我们现今的社会，该如何要求一个自小就被视为佼佼者的孩子，在一路被捧为"资优"的情况下，长大之后面对周遭的芸芸众生时，能产生足够的同情之心呢？

女校长提起曾经在英国遇见一位来自中国的女孩，这位女孩表示如果不是拿了奖学金来到英国念书，她恐怕从来没机会与卖面包、卖花的人有如此近距离的接触。

校长感叹不已地说："这种典型金字塔顶端式的教育方式，让那些一路从资优不断往上爬的人，最后不是成为医生就是律师，或者从事社会认同、能功成名就的职业。

"但在芬兰，我们不会创造出这样的环境给孩子们，因为再资优的孩子，最后还是得面对生活与人生。若孩子以为只要一路保持资优，人生就会一帆风顺，一旦遇上比自己更资优的人时，那怎么办？孩子能承受得起多少挫折呢？人都有弱点，资优的孩子也不例外，他们更需要适当的教育来协助。所以孩子们不论资优与否，本来就应该以'正常'的方式，来走过各个养成阶段。"

这样的想法，是芬兰教育界对于"资质优异"孩子的基本看法。综合数十位教育专业从业人士的谈话，让我得到这样极为深刻的印象：人都有弱点，但教育不是去再加深、强化这些弱点，引发出教育的不平等，而是应该想尽办法去改进个人的弱点，同时不去为不同弱点的人，贴上"资优"与"后段"的标签。

这些年来，我深深感觉到芬兰以及北欧各国，都教导了我以更贴近人性基本面的哲学思维，来看待人生，看待自己的人生，也看待他人的人生。或许这些国家的人们很早就清楚，人生的养成与教育的过程并不容易，唯有平实、踏实、贴近自然，才是最能符合多数人利益的方式。

不强调"资优"，不是反对"精英"；而是不去让"资优"养成的过程，变成了日后自以为是的"精英"，去鄙视其他不是资优一族的人。资优生已经比同辈中人多了一份精深学习的优势，教育体制是否应该再投注更多资源在他们身上，还是应该为学习上相对弱势的人，付出更多教育资源与关怀？

拿"20-80"的理论来说就更清楚了。如果社会与教育体制用了80%的资源，去辅助那些已经很"优秀"的20%学生，那其他80%的"非资优"学生，岂不是只能分得那剩下的20%教育资源？这公平吗？谁又有资格，去做这样的决定？

08 社会不能只看到精英

一个正在走向民主自由的国家，如果只有少数的精英族群，而没有广大且平均之教育水平的国民，那这少数精英真有足够力量，能将国家与社会带领好吗？

六月天的一个夏日傍晚，我在赫尔辛基的国际机场巧遇即将调离芬兰的两位埃及官员和他们的朋友，大伙儿聊着人生长路的众多规划，和跨国行旅的趣闻。这群朋友离开时，我竟很无聊却又有感而发地跟先生说："你看到没？这几位都是他们国家的精英分子，不仅受了极良好的高等教育，拥有傲人的西方学历，而且各个谈吐出众，还具备一流的国际观。但他们国家绝大多数人民的生活与教育水平，又是如何呢？"

六月底的仲夏节，我去了趟罗马尼亚和保加利亚，行旅期间看到不少报章杂志与当地的旅游信息，一再提到这两国的贪腐状况，让欧盟很不高兴地下了最后通牒，要求限期改善，否则将停止对两国的经援与建设补助。而我所认识的这两国"精英分子"对于当局连一条公路都无法真正盖好，也是不假辞色地批判与惋叹。但真正让我和他们同声一叹的，却是社会各阶层的落差太大，以及教育水平不均衡，让国家的发展与治理上，因为欠缺了最需要的坚实人文素质与教育基础而停滞不前。

回到芬兰后，我停不下来地强烈反思着，一个正在走向民主自由的国家，如果只有少数的精英族群，而没有广大且平均之教育水平的国民，那这少数精英真有足够力量，能将国家与社会带领好吗？

这几年间经常在不同国家穿梭来去的我，逐渐体会出一个问题的根本，到底是整体社会平均水平高来得重要，还是只有一群人飙得高，其他80%的人民和"精英"分得开一点会比较好呢？

想起自己曾待过的西非大国，认识了许多大部落的酋长，或是拥有欧美显赫大学博士学位的非洲"精英"人士。他们开的车一台比一台大，一辆比一辆好。他们一说起话来，用字遣词的英文水平呱呱叫，而只要一谈起慈善募捐，每个人画大饼的功夫都是第一名，成千上万的数额就脱口而出，看似豪迈又慷慨。但话一说完就等于捐完了，90%是从不兑现的"嘴捐"。

这群人，可都是堂堂的精英分子呢！开着名车，穿着人模人样，能言善道，他们的车子在贫瘠的街道上呼啸而过，更在四周全都是荒草、瘦弱众生、土墙污泥的环境中，盖起豪奢大宅，过着必须要用高墙、铁丝网，外加保安警卫和看门犬的生活。

当时总有人开玩笑说，那些在外国受过高等教育的非洲精英，在国外时多半都按照该国的制度与法规，但只要一回到自己的家乡，所有曾受过的教育和理念，甚至常识，就全都抛诸于脑后。所以如果只有一小群人好是不够，国家社会的长远发展无法只依靠精英，也需要良善的制度与水平相近的公民素质来配合。

我想起有一次和芬兰全国教育委员会的可寇能（L. Kurkonen）博士聊天，他说道，如果现在的芬兰还是17、18世纪欧洲那种佃农与地主阶级分明的制度，地主拥有土地的代代世袭，佃农之子则世代不得翻身，那真是不堪设想！我们最后开起玩笑说，若真是如此，恐怕迟早芬兰终有一天必定要再重启革命，毕竟一个社会，就是不患寡而患不均。

一个走上民主化的社会与国家，如果只是不断强调"精英式"教育，以为只要由少数的精英去领导众生就好了，这是很危险的。因为民主机制的基础，以及社会所有人民之间的对话，必须建立于基础教育机会的公平、公正与相同质量上。唯有当多数人民教育水平大致良好，才不会被少数自以为是的精英所误导、操纵，而优秀的精英，也才不会拖拉着有巨大鸿沟的社会，难以带动整个国家的发展与基础建设。

北欧人民们深信，社会是大家共同拥有、共同治理、同享权益、同尽义务的。他们更坚信，均等的教育，是使全民艺术、文化、运动、产业、经贸等得以茁壮永续的根本，更是国力成长与优质民主得以开花结果的基础。

09 不强调竞争，也能获胜

芬兰认为学校教育应该要多强调合作，让学生多多透过合作来学习。不强调要孩子去竞争，而把关注焦点集中在教导孩子拥有足够的能力，孩子的"竞争力"就会自然产生。

一位来自美国东岸的中学校长问我："芬兰什么时候开始教孩子'竞争'呢？"

我一时听不太懂他的问题。

他见我没反应，就再问了一次："竞争啊，You know..."我这下真的怔住了，想多了解他的意思。

他从头开始问起：学校如何给孩子做评比？老师怎么知道孩子的程度？父母如何了解自己的孩子跟其他孩子的差异？孩子的成绩表现落点在哪儿？是否跟得上其他同学？同学之间会不会相互比较？老师如何说明成绩……

我一点一点尝试解说，芬兰这里很少强调与他人"竞争"的必要性，他们的基本想法就是鼓励大家尽力做好自己的部分，而他们关切的教育重点在于每个孩子到底懂不懂老师教过的内容，大家都学会、弄懂了，就能从这门课中培养足够的知识能力，再一点一滴地灌溉学习之后，所需的"竞争力"就会自然而然产生。所以，芬兰教育关注的，是一种让学生理解到必须和自己竞赛的养成方式。

芬兰一向认为，和自己的竞赛，才能真正激发学习的动力。对我而言，这种理论像极了高尔夫球的差点制度，是一种能够接受不同能力在同个赛程的起跑方式。

他仍然有点茫然不解地问说："不对啊，芬兰是个很具竞争力的国家，他们的教育制度，必然在某个时期就告诉孩子们要竞争、竞争！"我更困惑了，怎么能把"学习力"和"竞争力"这两者挂勾得这么严重、这么理所当然？

虽然我知道美国社会一向都很强调排名，很会做各种评比、评鉴、市调等，也常把"竞争力"挂在嘴边，但我想这位校长，还真把社会或国家整体的竞争力，缩小成教室里学生之间你赢我输的"竞争"呢！

但我又想到，我们社会里，恐怕不少人也有这样的误解吧？他将我的

暂时静默，当成了论说的致胜点，连珠炮似的讲了一大串："你看，Nokia
是这么有竞争力的产业，还有，你知道的，芬兰人打冰上曲棍球时是很勇
猛的。"

我心想，他们只是一心一意要将事情做好，就如同戴上眼罩的马，只
知道专心往前冲。

"一定是旁边的教练一直鼓舞他们，要赢、赢、赢！他们才能击败对方、
赢得胜利！"见他讲得开心，我也就笑了。这样的想法，倒也是趣味十足。

一个月之后，我和芬兰全国教育委员会资深官员劳卡能（R. Laukkanen）
谈起此事。劳卡能历经教改，教育及行政资历显赫。他说，这不是第一次，
也不是第一个国家的教育界会有这种奇怪的误判。有一回他去日本访问，
好几位日本教育专业人士跟他说，如果不为大学做排名、评比，那学校和
学生就会少了进步的动力，也将会不知为何而战。劳卡能说到这里，我们
不约而同地笑了，但也热切地讨论起来，试着将这样的"竞争"与"赢"
的逻辑思维，理得更清楚些。

我向他诚实以对，说道在自己没有来到北欧与芬兰之前，也不懂为什
么芬兰的教育思维会如此不同。不仅在"竞争"的定义上有所不同，连"竞
争"出现在人生的时间点，都自有一套哲学基础。

他平心静气地看着我说："你现在已经知道了，芬兰真的不是一个以
强调'凡事竞争，从小就要赢'的社会。"我点点头。然后，他语重心长地说：
"我们是一个希望能真正走向互助合作的社会，太早鼓励竞争，并不会带
来整体真心的合作。"我不自禁问道，所以你们在教育上，不会教孩子们
要以赢得了A为喜、打败了B为乐吗？

他莞尔一笑说："拜托，那是政治人物好吗？这种性格，怎么可能从
教育上去鼓励、培养呢？"

我一边点头，一边正眼瞧了瞧他；这位历经十余年芬兰教改历程，又
曾经派驻过国际"经济合作暨开发组织"（OECD）巴黎总部的芬兰教育界

资深官员，真的说出了"教育"的基本概念，却又极为核心的价值。

他接着引申了这么一段，"这样说吧，不强调要孩子去竞争，而把关注焦点集中在教导孩子拥有足够的能力，这样才能在人生适当与必要的时候，与他人互相合作并自我保护。"

社会整体的风气与社会秩序的制约，真的会在不同时间点上，对教育理念与制度造成一定程度的影响。但教育的意义，就在为下一代子孙进行良善的启蒙，也寄望他们能培养出与上一代看待事物的不同切入点，进而引领出更美好的社会风气。

教育，本就负有承先启后的基本责任，所以，岂能因循原本急需改良的恶习，甚至让学子从小就被教育体制推波助澜地往恶性循环的路上走呢？

2008年10月初，我参加了在赫尔辛基所举行一连三天的未来教育趋势国际研讨会。在一场分组讲座之中，欧洲训练基金会（European Training Foundation）的资深芬兰教育专家萨尔伯（Pasi Sahlberg）教授希望大家一起来思考未来学生必备的能力有哪些，要透过什么方式来培养、创造出这些能力。他还要求出席者和身旁的人一起讨论下面这些议题：

教育应该强调竞争，还是合作？

怎样才会使未来更好？

如何透过教育，使国家社会更具竞争力？

我们是应该透过更多的竞争，或是透过更多的合作，来确保自己国家的竞争力？

在开始讨论前，他神情严肃却又有点语带轻松地说，某一回的研讨会，有人讨论完后的结论是：为了让国家有竞争力，所以我们国家要让学校与学校之间竞争，老师与老师之间竞争，学生与学生之间竞争。让大家从小就习惯了与人竞争，这样国家就会有竞争力。所以，竞争观念必须从小教导。

他说完后，马上接着宣布："各位，如果您也是这样想，现在就可以先离开，不用加入讨论了。"语毕，会场一阵嗡嗡低语声，但无人起身离开。

我侧过身来，与一位芬兰西北部奥鲁（Oulu）市的高中校长对谈了起来。他十分同意萨尔伯的说法，还说："其实，芬兰就是认为学校教育应该多强调合作，让学生多透过合作来学习。因为我们已经深深了解到，过度的竞争，以及强调学习上的竞争，只会带来不必要的内部资源耗损，却不会为国家社会带来更多的对外竞争力。"

我心生钦佩地看着眼前这位来自芬兰北部的高中校长，以这么笃实的语气，道破许多人们对于"竞争"的迷思。

第二章

以孩子为中心，是教育的最根本

10 以尊重孩子为考虑

芬兰教育认真考虑到每个孩子的特质，教育当局会以尊重孩子为考虑。因此教育的目的，就是让每个孩子经过适当的启发和引导，找到自己最好的出路，也就是让孩子的未来有"人尽其才"的发展。

"学校的教育，是不是以多少学生上了多少'好'学校为目标？"

"不是。多少学生升上某某高中不过是个数据罢了！每届学生中多少人选高中、多少人选职校本来就不同，学校怎能把这个数据当成一种成就呢？"

"老师的成就，是不是以教出更多考上好大学、医学院或法律系学生，或更多'名人'为骄傲？"

"不是。学生未来的科系选择，完全依照他们自己的兴趣或志向。老师的工作只是帮助他们找出、确认这些志向，并适时给予鼓舞。至于能不能申请到自己想读的科系，还要看他们日常的学习成果及高中会考成绩。我们希望孩子们尽力而为就好。"

"学校的荣耀，是不是以学生的成就为荣？以好成绩为喜？"

"不会。我们重视的，是希望学生的程度都能达到平均水平。毕竟，从幼龄到少年，本来就属于启蒙和心智开发阶段。"

"学校不会希望学生都能上某某高中、某某大学吗？"

"当然不会！芬兰并没有所谓'最好'的大学，每一所都是国立的，不用缴学费，每间大学的素质都相去不远，所以高中毕业生要申请大学，完全以科系、个人兴趣为考虑。"

"为什么学校不会在乎升学率呢？"

"因为没必要！那本来就不是基础教育的目的，更不是任何教育的基本宗旨。"

"当然，芬兰教育有一项长期努力的目标，就是希望能尽量缩小各地各级学校的差距，所以大多数父母，已习惯就孩子的志趣和路程远近等，来考虑下阶段学校的选择。"

"那教育的目的，对你们来说，到底是什么？"

"教育，其实只有一个最简单的考虑点，就是尽力帮助每个孩子找到自己人生最适当的位置。以孩子为中心，才不会迷失教育的方向。"

"所以社会、父母、学生，不会给学校任何升学上的压力？"

"没有，从来没有。升学不是教育的目的！学校和家长可以给孩子们的，是如何帮助他们找到真正适合自己的学习之路，而不是告诉他们，人生只有一种选项。"

"为什么？"

"其实很现实地说，芬兰教育机构和各级学校能获得多少国家经费，跟学校成功送了多少学生去念了哪个学校，或是学生的考试成绩表现无关。"

"中央和地方政府编列预算的标准，是依照这地区、这学校有多少学生来估算，因为每个学生都会有一定数额的教育经费。"

"受教育是人民的权利，而且教育是给所有孩子的。国家和政府把税收用于教育本来就是义务，更何况是基础教育，这是国家有没有未来的'基础'，不是吗？"

"所以，你们认为'基础教育'的真谛是什么？"

"总归一句吧，就是为每个学生找到最好的未来生活（Good life for all）！"

我们崇信内容为王
只提供严选的优质教育内容

- 听北京四中老师讲作文
- 听人大附中老师讲语文
- 听北师大实验中学老师讲政治
- 听北京101中学老师讲历史

  ………

| 集结全国一流**名校教师**

| 服务全国各地**莘莘学子**

扫码领好礼

这些对话，在我过去访问芬兰各地、各个教育学院、各地方与中央政府机构时总是一再出现。我反复问，反复听到相似度极高的答案，让我不得不试着将这些芬兰教育的基本"价值观"，和他们真实努力去做到的教育理念，咀嚼出来。

咀嚼愈多，我愈发现其实到头来，一切都回归到"教育的基本出发点到底是什么"这个问题上。一个社会的普遍心态和风气是什么，就会反映在它对于"教育"的基本要求，和希望学生成为什么样的人。我们在施行教育的时候，眼里、心里看到的到底是学生的需要，还是大人的荣耀呢？芬兰教育认真考虑到每个孩子的特质，所以教育当局就会以尊重孩子为考虑。因此教育的目的，就是让每个孩子经过适当的启发和引导，找到自己最好的出路，而所谓"最好"的定义，还真是和我们想的有些不同，指的是能够让孩子的未来有"人尽其才"的发展。

因此，在基础和义务教育阶段，教学内容主要在于提供每个孩子公平的机会，获得广博的知识及培养基本的体能，这样当学生在九年级的初三毕业之际，潜力才能得以发挥，也能有足够的自信心面对未来的挑战。

11 公平正义，从小开始

公平与正义，是北欧的核心价值，社会责任是如此，学校教育也是。因为唯有如此真实的教导、真诚的付出，孩子成长后才会认真看待公平与正义，并传给下一代。

一位总是有着开朗笑容的芬兰教委会官员劳里（Lauri），跟我说过一个故事。

他在高中时期曾经到美国做过一年的交换学生，因为他数理成绩不错，就和一位瑞典同学被分到"资优组"。同样来自北欧的两人一直不理解，为什么同组的其他美裔同学要花这么多时间练习同一种演算？为什么他们一定要苦哈哈地一直做同一件事呢？（Why Study so HARD！）

他们劝其他同学，现在不会，就先摆一旁，隔两天再来看，通常就会有豁然开朗之时。学习不需那么痛苦，人生还有其他事情，打打球、游游泳都很好。

我看着他述说一种我已相当能理解的北欧式人文思维，或许，我也该好好跟他们学学吧！

在北欧和芬兰的教育思维中，智力的增长、学习，只是五育的一个面向，不能过于凸显，必须和其他四育齐头并进。

芬兰教育部不止一位官员说，教育政策的着眼点，除了让孩子来到学校上学，学习各种基本知识外，上下课之间也要让学生有充足的时间休息、玩乐，以顺应孩子们逐渐朝向青春期发育的自然过程，这也是每个孩子的基本人权。

透析芬兰教育，除了对于芬兰的社会、人文、历史都需要有所了解之外，更必须先认识芬兰对于"义务教育"这四个字的诠释。

"义务教育"在芬兰，是所有公民的权利。如果这项"义务"是每位公民的基本权利，那政府和教育当局除了让每个孩子都能好好上学之外，还必须关注教学过程中是否提供了相对公平的受教机会，老师水平是否一致？老师是否有足够的同情心？老师的教法、观念和思维是否跟得上教改后的教育理念与精神？孩子上学是否开心？是否获得均衡的发展？

学校教育标榜让每个孩子都受到尊重、获得鼓励，但是尊重并非放任，让孩子变得目中无人，所以有一个先决条件，就是必须让孩子们了解社会责任，与遵守规范、法律的重要性。那学校的教育责任，就不会只以考试为目标，把教育当成"市场绩效导向"来推动了。

讲求独立、追求自由与人权的北欧国家，能够让社会整体长治久安，同时也充分享有民权的保障，就是对于公民法律责任与社会伦理的清楚认知。

在凡事讲究法令和规范的芬兰，如果有人想投机取巧地另订内规，是不会被多数人所认可的。如果国家核心课程纲要明订上课时数的最高上限，那这项规定就会被奉为圭臬，不会有学校或教师会偷跑或是舞弊，更不会有学校会为了不存在的升学率"荣誉"而违反。

为什么没有学校或老师想去舞弊呢？因为芬兰本来就不是一个只以绩效和考试成绩决定一切的教育环境。

我清楚记得在一场有关未来教育趋势的国际研讨会中，萨尔伯教授提到欧盟渐渐警觉到在许多前苏联国家，某些高等教育学位是可以用金钱买到的，还有学校会窜改成绩资料。为什么会出现这种情形？归根究柢，就是因为教育环境让学校、学生、老师为了求"生存"、求"赢在竞争"不择手段，因而扭曲了原本的教学目的！

当校长为了保住位子、教师为了争取考绩，学生为了拿到分数，教育危机也将渐渐浮现。学生若自小在这样的环境下成长，在学校中眼见耳闻都是为了赢可以不照法规走，毫无任何正义之声，成长之后极容易变得为达目的，不择手段。

公平与正义，一直是北欧的核心价值与信仰，社会责任是如此，学校教育也是如此。因为唯有如此真实的教导、真诚的付出，孩子成长后才会认真看待公平与正义，并传给下一代。

可是，经常有人质疑，难道他们不会为了孩子未来要面对"竞争"压力，而要学生认真学习、努力用功、争取好成绩吗？

"学习固然重要，但我们岂能让孩子因此失去了做孩子的权益呢？我们无权剥夺啊！"已有些许白发的资深教育官员劳卡能如此说着。

12 任何阶段都不能失衡

真正要使学生家长和社会都不至于为了念哪一所学校而疯狂，就必须要有很稳健的教育基础，这个基础得从幼儿园开始，一路从小学、中学到高等教育，任何阶段都不能失衡！

芬兰中部约瓦斯曲莱（Jyuäskylä）市政府教育局局长雷席蒙（E. Leisimo）对我说：

"如果有两所高中，一所孩子进入时总平均约在7~8分，但毕业之际，学校主科目成绩进步到了8.8分；另一所高中学生进去时已经有9分，但毕业时只进步了0.2到0.5分，那你认为哪所学校比较好？哪一所可以让孩子有比较多的进步空间呢？"虽然我不是家长，但教育局局长的表情，似乎也迫切希望我想清楚这个问题。

同样的理论、类似的问题、笃实的说法，却也出现在首都赫尔辛基小女儿就读的中小学校长室里，所以我已经不那么诧异了。

有时，身处亚洲的我们总会感到茫然、忧心，也不免盲目、失措，因为所处社会与媒体总是一直想给学校排名和评价，也总是大力赞美那些表现优秀、光芒四射的孩子。

不过芬兰政府和学校，对于每回高中会考结束后，部分媒体自行搜集考试成果做出通过会考的学校人数等排名和报道时，感到万分反感。只要媒体一报道排名，隔天最高教育单位和教师群们都会同声谴责这样的报道会助长不必要的社会焦虑与分化，有碍芬兰不断强调不为任何学校做排名的机制。

"但为什么要对'排名'这件事那么小心翼翼呢？"我问了许多的芬

兰友人和教育界人士。

他们总是这么回覆："因为我们的高中和老师，本来就都一样好！如果公布会考成绩变成常态，久而久之，就会让一些家长误以为把子女送进所谓的'好学校'，孩子日后成绩就会比较好。当这些学校有愈来愈多成绩较好的学生，对其他学校与老师就不公平了。而且有些学校表现好，可能是因为学生的个人条件，不见得是老师比较好。

排名与评比，会造成社会上非常不必要的心理恐慌，并扭曲学校的办学理念。长久下来，对于我们原先所坚持的平等受教机会，不仅不会有任何的好处，原本素质相近的老师也会被不公平地分类，更会造成心有不甘的老师开始驱策学生去争取'好成绩'！"

有一回，我和中国台湾来访的几位教育界教授聚会，大家不自觉地谈到为什么"资优班"在中国台湾会如雨后春笋般地愈冒愈多，原因不外乎是因为S型的常态分班教育（同一年级所有学生的成绩总排名产生之后，第一名编入第一班，第二名在第二班，第三名在第三班……以此类推）之后，原本应该去就读公立学校的好学生，被私校以升学率较佳、念书环境较好等理由吸引而去就读。

我不禁想到，芬兰在70年代教改之前，也曾经有过不少的私立文法学校（Grammar School），这是因为那个年代的教育不是免费的，而且公立教育并不普及，也办得差强人意，所以经济条件不错的家长为了确保孩子有较好的前途与学业成绩，大多会将孩子送往私立学校。

想不到，愿意扎实做好一次次真正符合教育基本理念的教改，一路实实在在地付诸执行，就能有这样良善的、具有深厚人文基础的结果。这中间的过程，所要秉持的一个最大信念就是，尽其力去落实众生平等。

赫尔辛基一所中学校长，本身也是教改之路的见证者说："真正要使学生家长和社会都不至于为了念哪一所学校而疯狂，就必须要有很稳健的教育基础，这个基础得从幼儿园开始，一路从国小、中学到高等教育，任何阶段都不能失衡！"

她恢复了平静的语气说："如果其中有一个阶段失去了平衡，那我们所盼望能够达成的整体社会公平与均等，必然会失灵。人们必将汲汲营营地为了在某个阶段要进入某些学校，而夜以继日地驱策子女们拼命，到那时，再多快乐学习的口号，或立意再好的教育改革，必然将沦为口水。"

13 协助孩子选择未来

芬兰中学的老师会先观察孩子的日常兴趣，依据孩子不同科目的成绩，和学生、家长一起找到最适合孩子的出路和学校类型，讨论次数依照每个学生的状况而不同。

"如果一位九年级的学生跟老师说想去念某某职业学校，老师会不会反对，并建议学生应该去念高中？"我不免俗地问出这个大家习以为常的问题。中国台湾一位媒体记者曾跟我说，有次他采访与教育相关议题时，受访人很感慨地说，当年初中毕业之际，曾被老师狠狠责备说："你要是去念职校，以后在路上遇到不要叫我！"

"不会的，从来都不会！"眼前这位中年慈蔼的赫尔辛基瑞苏中学雷雅（Reija）校长面容转而严肃，答得更是斩钉截铁。

"为什么？"我刻意问。

"因为那是一个很好的选择，而且是学生自己想要的。我们唯一会做的，就是尽力帮助孩子，找到他想念的科系和最适合学校。"

"所以，你们不会跟孩子说某条路才是最好、最有前途？"我继续追问。

"当然不会，因为每个孩子对于未来的选择，本来就不同！"她摇头说。

"那学校会如何帮助孩子呢？"这是我想知道的重点。

"我们中学的辅导老师，一向都会和孩子讨论很多次。到了九年级上学期，会和孩子更深入地谈，随后也会邀请家长一起讨论。"啊？家长一起来？我更有兴趣了解了。

"讨论次数依照每个学生的状况与需求而不同。老师会先观察孩子的日常兴趣与倾向，并依据孩子不同科目的成绩表现，和学生、家长一起找到最适合孩子的出路和学校类型。"她轻松说着，好像这是已行之多年、理所当然的正常教学方式。

2007年一个春天的傍晚，我参加了瑞苏中学举办的教学展览活动，其中有四年级和九年级生的作品展览。整个大礼堂热闹非凡，九年级的大孩子个个才艺纵横，有玩出整座模型的，有自己用布料花样印染的，还有画油画、组装一套音响、设计制作了一张计算机书桌、玩电子音乐、在现场跳现代舞等，更有学生写了本小说、诗集，或是以世界名模为题材所做的研究。

琳琅满目的学生作品，成果好丰硕！总之，孩子就想在毕业之际，各显身手，为最后一学期做最佳的"专业"式自我展现。我可是看得啧啧称奇，赞叹不已！

我曾经问这所学校的校长，如果孩子要申请高中时，校方以"核心科目"的分数，作为升高中的标准或是申请门坎，那初三的孩子会不会将其他"兴趣"或文艺科目视为无物，随便做做就好呢？

校长一下子愣住了，想了又想说："这个问题，我怎么从来都没有想过呢？我也不知道为什么，他们总是做得很开心啊。"她托着脸，倾斜着头继续想……

的确，回想起那次展出，每个作品大概都得花上这些孩子不少时间，但大多数孩子的确全心投入。做的过程，除了让他们可以真正接触自己的兴趣之外，更能在观摩同学各式各样作品的同时，激荡出探索不同事物的火花！

我心底不停地想，同样是初中阶段，而且是初三毕业的当口，芬兰的孩子为什么没有很大的"课业"压力呢？面对高中还是职校的关键选择，他们为什么可以不慌不忙，展示出全方位的智慧，甚至在毕业前夕，依照自己的兴趣，展示亲手做的艺文作品呢？

这是因为没有地方或全国性的"会考"吗？还是因为芬兰高中差异不大，不需要争着进入所谓的"第一志愿"？孩子只需要以平常心去准备课业，让整体成绩来自平时的评比与课堂多元的考核，还是因为职业学校这些年办得愈来愈好，更符合家长和学生的期待？或者学生从初中阶段就已知道，即使选了职校，并不会在日后被人讪笑为"没出息"？

或者是因为不论高中还是职校，没有所谓的位阶高低之差吗？学生也不觉得非上高中才有前途，选了职校就会有辱门楣？

芬兰社会和教育体制不对学校做评比、排名，而是诚恳地让学生在面临抉择之际，以教育工作者应有的态度客观引领，启发学生对升学还是职业的理性思维，希望学生以内心真正兴趣为考虑，实实在在规划日后的方向。

因此，上课就实实在在地上课，以启发学生了解世界、了解自己为最终目的，那孩子的视野、才能，就不会被大人窄化到只想在分数上争个0.5或是1、2分。

女儿班上的音乐老师就说："我看重的，并不是你们在校外的音乐表现与成就。除了音乐知识外，你们在班上的学习热忱与动力，以及是否愿意尝试各种乐器的态度，都是评分的基础。"

芬兰不像中国台湾大街小巷皆是补习班，也没有初中先修班、高中先修班这种招牌。他们重视的，是孩子能否在按部就班的课程中，依照学习能力高低，尽力去做到最好。所以，芬兰孩子的暑假，真的是完全没有功课呢！当然，更不会有家长找家教来帮孩子补习，也不会有老师因为出了一堆作业而被赞赏。一个重视过程甚于结果的教育体制和基本思维，对于一心以"要赢"为教育目的的家长或老师，不会抱持肯定的态度。

芬兰教育体制发现，让适龄的孩子选择自己的人生，并没有那么难。只要试着多多鼓励、启发他们，他们一定会给师长"大人"充满惊喜的回报。

14 不要指名道姓 No Names，please...

发考卷是学生和老师间的事，所以老师会将考卷翻面，不喊出分数，一个一个学生发，或是直接走到学生面前交给他。自己考几分和别人都无关，老师无意当着全班的面来张扬。

一回，在旅居挪威的朋友家里，友人的孩子聊到从前在台北念初中时期的事。那位已经十八岁的高中女生回想说，当时老师发数学考卷都是名字和分数一起喊出来的：林小惠，80分；王小明，75分；陈水水，62分……

或许，对我们这些曾经有过相同"待遇"的大人来说，这是件十分稀松平常的事，老师不都是这样发考卷的吗？但是，经历过另一个将分数视为个人隐私与人权、老师不会公开一个个宣告的环境之后，两个家庭的四个孩子开始七嘴八舌地谈起：为什么会有老师大声喊出王小明59分的情况呢？这样对学生的自信心会有多大的伤害……

孩子们一起说着挪威与芬兰，发考卷是学生个人和老师之间的事，所以老师会将考卷翻面，不喊出分数，一个一个学生发，或是直接走到学生面前交给他。总之，自己考几分、别人考几分，和全班、别人都无关，因为成绩就是个人隐私，老师无意当着全班的面来张扬。

我问小女儿，为什么芬兰老师会这样做呢？她一副理所当然地回答说："妈咪，考不好自己难过都来不及了，难道还希望别人敲锣打鼓大声说吗？"

当然，我们一直以来的想法，是想用全班得知彼此分数的方式，激励不同程度的孩子去"见贤思齐"，但却也在无形之中，伤害了孩子心中那一丝丝需要呵护与长期鼓励、培养的自信心。而且，多少孩子会因为想炫耀，或争取些微的差异分数而苦读；又有多少孩子，会因为自觉不如人而自暴自弃？

在孩子还处于懵懂阶段，先以保护隐私的理念、建立孩子基本自信的方式，积极鼓励孩子的学习动机，这正是北欧国家最根本希望达成的读书风气和施教理念。

其实，不论是北欧的孩子，或是亚洲的孩子，只要拿到老师改好的考卷，不例外的都会紧张，在接到考卷后，又多半会不自觉地喘了口气去瞄一眼，成绩好坏，学生自己心里都有数，不用老师在全班面前大为宣告，就已经够心惊胆战了。而且，体制的作用和功能，似乎应该是尽量避免扩大人性中的惊惶、不安与羞惭，尽其力去建立、强化每个孩子学习上的自信心。

小女儿把我从迷惘、深思之中拉了回来，她叫我说："妈咪，你知道吗？我们老师也不可以对着同学指名道姓哦！我们班一位从伊朗来的同学说，以前他在伊朗上小学，有时候训导处的老师会直接走进教室来叫，某某某现在马上到校长室来！"她还学了那位同学的模仿语气……

接着她说："听到这里，全班都张大嘴、瞪大了眼，然后开始吱吱喳喳，隔了好久才安静下来，继续听他把故事说下去。"

我听她讲到一个段落，就问道："所以，你们的校长或老师，不会这样直接叫学生的名字吧？"

小女儿立刻回答说："Come on，当然不会！"我再问她："为什么呢？"

她脸上一副妈咪又来了的模样，口气不耐地简单回一句："因为，那会使人很难堪啊！"嗯，很好，她真的懂！

大女儿插嘴进来说，如果学校出了什么不好的事情，老师会对大家说："你们当中有人做错了事，但我不会说出是谁，因为做错事的人自己知道，我实在不愿意说出名字……你们自己知道的。"

我问说："为什么呢？"这回换大女儿给我一个小小的白眼，也语带不耐地说："妈咪，唉，你真是的，这是尊重啊！对同学的尊重啊，OK？"我在她们眼中，似乎满"驴"的。

小女儿又发表了一下心得，她说："可是，老师其实也不会对某些人特别好，怎么说呢？就是不会对任何人extra nice。"

我有点感触地自言自语："那就是一视同仁啰……"

小女儿有些纳闷地问："妈咪，什么是'一视同仁'？"

嘿嘿，终于轮到我来"说教"了，赶紧搬出成语小老师那一套跟她讲解一番。

"哎呀，反正就是对大家都一样好啦！妈咪。"

我又问了："可是，这做起来好难。难道你们老师真的不会对最聪明的孩子特别好吗？老师不会把考试成绩一级棒的学生当成是资优生，特别照顾吗？"

女儿们假装要昏过去了，一起说："妈咪，我觉得你很无聊耶，完全被你打败了……"

两人就这么嬉笑了一阵，但小女儿突然语气幽幽悄声说："妈咪，你都不知道，我们上次回中国台湾，跟一些小朋友去上游泳课，游泳老师对我好凶。他以为我不会游，其实当时我只是不知道他讲的自由式或蛙式是什么，所以当然不知道要游什么啊！后来我才知道中文名称。老师就很大声凶我，但后来老师听阿嬷说我是从国外回来的，就对我比较好了，而且他也看到我真的会游。"小女儿讲着讲着就笑起来了。

我也对她extra nice地笑了一下。

15　不为任何测验做演练

这位校长不太喜欢PISA芬兰连续三届地稳占鳌头，因为这样会误导有些教育界人士或官员，不论是芬兰或是其他国家，以为教育就只有数学、阅读、科学等这些在PISA评量中出现的科目！

一位芬兰大学教授对我说："芬兰中学生参加奥林匹克数学竞赛的成绩，好像真的不够好……"其实，她不是第一位这样说的人。习惯从报章杂志获得这类讯息的芬兰人，总会这么质疑自己国家的教育和数理能力。

她接着说了一句我很熟悉的话："你们亚洲孩子的数学就很厉害！"我点点头，但随后，又摇了摇头，嘴里应酬着说，嗯，是啊……

许多欧美国家的人们只是理所当然地这样认为，并以讹传讹，以为亚洲人天生大脑细胞组织比较特别，或是复杂的汉字让亚洲人的思维与理解系统不同，也倍加聪颖。其实，要是他们来到我们的世界看一下，就会恍然大悟，并非亚洲人有什么奇特的头脑结构，而是我们的社会风气与教育体系一向比较"重理轻文"。我们的孩子自小就花了比较多的时间在数理上，不论是在校外补习或学校课堂上。反复演算、考试，成为"强化"数理的不二法门之一。

我心里翻搅了好一会儿，在心中咕哝着：这真得看你们芬兰的孩子花了多少时间在数理教学与演算上啊。你们从来不会为了什么竞赛而去特别加强教学和练习，要孩子做额外的"训练"，芬兰孩子也从来不补习，不"偷跑"的先拿高年级的课本来念。

你们总是希望孩子们能真的了解数学的概念，不要孩子为了求快，而只学会演算技巧。你们认为技巧不会长远，真正重要的是理解和概念。演算得快慢，最后终有计算器可以辅助。如果真要比较两个国家的学习效率和成果，以你们所花在数理教学上明显较短的时间，实在已经够让人惊艳了。①

来到了距离赫尔辛基20公里万达区（Vantaa）的一所中小学综合校区，中年灰发的男校长和蔼亲切地迎接我进入办公室，不一会儿大家的话题很自然地带到了芬兰在全球教育评比的成果，但有点意外的，他对于OECD的国际学生评量计划（PISA）②有更深层一面的想法。

这位校长不太喜欢PISA评比的成果，以及芬兰连续三届地稳占鳌头，因为这样会误导有些教育界人士或官员，不论是芬兰或是其他国家，以为教育就只有数学、阅读、科学、语言等这些在PISA评量中出现的科目！而让他真正自豪的是，芬兰学校与孩子间的学习落差小，而不是某些科目评量结果的遥遥领先。但他心里也有一点担忧，要是芬兰有人为了要维持现有的好成绩，以这些科目作为日后推动教育的方向，而忘却教育本身还有着许多更重要、更有意义的基本事务，将会对芬兰整体教育体制造成严重伤害。

他微蹙眉头说了一件事，听起来像是个笑话，但他没笑，我也听得有点啼笑皆非。他说："有次西伯利亚地区某个前苏联国家的教育界人士到我们学校来访问，领团所问的第一个问题，居然是'你们是如何准备

---

① ：2007年PISA评比的成绩，芬兰中学生的数学测试结果仅次于中国台湾1分，位居第二，但芬兰学生平均花在上课与课后研习的时间，却相当少。2008年3月，芬兰国家教委会所举办的芬兰教育研讨会上，有学者指出，统计数据上，韩国学生每周花超过10个小时以上的时间在研习数学，芬兰学生却只花了4个多小时，比OECD测试国家的平均值少了2个小时。

② ："国际学生评量计划"（The Program for International Student Assessment，PISA），是由 "经济合作暨发展组织"（Organization for Economic Cooperation and Development，OECD）于20世纪90年代末期开始，针对全球40余国、数十万名15岁中学生的数学、科学、及阅读等项目，进行持续、定期的国际性比较测试研究。

PISA的'？"

校长先是长长嘘了一口气，接着说："我当时一下愣住了，连忙回问'什么'？对方又问了：'你们怎么准备PISA评比测验的？'"

"我直接就告诉他，我们不会为了任何测验去做任何的演练！"他的脸容转为严肃地说。

"什么？不会去演练？这怎么有可能？"这当然让来访者大为惊讶。

校长转述完那个访团的七嘴八舌之后，又说了："我就很明白再说了一次：'真的，准备PISA，本来就不是我们的学习课纲！'"

最后，校长先生对我说出了让人感触良多的话："所以我真讨厌人家问我PISA怎样又怎样，或是要怎样才能考得好！教育，不就是要让孩子发展出健全的人格，启发学生适性发展自己的兴趣，以及除了智育以外，还有艺术文化、体育运动的全面均衡发展吗？"

16 争第一只是永无止境的数字之争

为了赢而赢，为了争第一，那所有评比最初的立意，必将荡然无存，或许排开虚幻"争第一"的迷思，回到万事万物的根本与基础，那教育所希望达到的"百年树人"境界才能永续推动。

访问这位校长之后三周，我和一位赫尔辛基大学教育学院的教授说了这位校长的心声，她像找到知音般惊喜地说："有天，我的一位教育学院同事对我们说，她到了亚洲某国去，当地一位中学校长很好奇地问她：'芬兰是如何做PISA的？'我同事听不懂，那位校长又解释了'像你们什么时候会打开试题？有没有先演练和准备呢'？"

这位教授脸上浮现出一种自嘲的表情说："我们呆板又诚实的芬兰人

还会说什么？我那同事说：'芬兰学校在测验当天才把试题封套打开，难道你们不是这样吗？'"

她停下来看看我，叹了口气说："结果，当场引来中学校长和老师群的一阵哗然，他们直接问：'真的吗？哪有这种事？我们每次一收到试题数据袋后就会马上打开，然后找来成绩不错的学生，开始教他们如何解题。'"

她转述到这里，眼中的不可置信和一丝丝黯然，是一种无法掩饰的苦涩与不解。

那一天，是我和她一起去听孩子们参加的瑞士和芬兰青少年交响乐团演奏会，当时是终场的茶会场合，我们几个大人就坐在赫尔辛基音乐院的交谊厅里聊着。在座的几位芬兰人都听得啧啧称奇，却也哑口无言，不知该如何说才好。我似乎也陷入了一种迷惘，一种"教育本质到底所为何来"的思绪里。

一直以来，我先生都经常半开玩笑地说，有些统计数据看看就好，不见得能够当真，也不必要深究。其实，我一直深自警觉，不论是数据还是数据，解读都需要有"全面性"的思维，同一种数据之于不同的国家，应该就会有不同的解读。客观的条件、外在的因素，影响着各种数据与数据内涵的呈现。

当有一天世界各国争相以"评比成就"作为教育标杆之时，当国家的教育官员们，将评比成果视为自己的重要政绩；当出席教育研讨会的学者教授大声强调，要将学生的PISA评比成绩不断往上提升，就会演变成一种严重的误导，把"竞赛"看得比真正的"教育"更为重要，把教育的本质放在虚幻的"争取荣誉"之后。

为了赢而赢，为了争第一，那所有评比最初的立意，必将荡然无存，岂止师长的教学会被扭曲、变质，一代接一代的学生也会因为"大人们"的虚荣心，陷入一场永无止境的数字之争。

成功的滋味确实会让人着迷，但极可能也是另外一场失败的开始。或许排开虚幻"争第一"的迷思，回到万事万物的根本与基础，那教育所希望达到的"百年树人"境界才能永续的推动。

我全然能理解，为什么会有这么多的芬兰教育界人士在PISA一连三届的表现出色之后，仍然不希望只去强调数理、科学，或是评比科目的重要，而忽略了众多教育本质上就该同等强调的人文思维，与均衡学习。

有时回归事物的根本，才是对人们最巨大、最艰难的挑战吧！但有这么一个北欧国家认真去做了，而且不是以赢得PISA的成就去做的，只是单纯想把教育的根本重心，与应该传授给下一代的教育内涵，平平实实、按部就班去推动罢了。

17 不对分数推波助澜

没有人是不在意评比的，没有人真的不在意成绩。问题在于，一个社会怎么去看那张薄纸一片的成绩单？家长会怎么说？学校、老师，甚至于街头巷尾的邻居们怎么看？

在芬兰，每个学期结束，孩子们都会拿到学期成绩单，但形式会依照不同年级，分别以分数、评语或是学习满意度等方式来呈现。

一般来说，高年级，也就是五年级以上学生的成绩单，各个科目在该学期的学习成果会以1~10分显示出来，或是以分数和评语并重的方式来呈现。但这些以分数为主的成绩单，并不会有各科相加之后的总平均分数。

在六月初，一个白昼颇长的夏日，我们来到小女儿学校的大礼堂，那一天正在举行期末结业联欢会。我在礼堂外面，意外瞥见几位中学部的芬兰学生正在走廊上等候自己的弟弟妹妹们。

其中一位男孩，一边猛盯着手中那张薄到风一吹就会飞起的A4成绩单，一边猛按着手机上的计算功能。他使劲全力地按，又是抿嘴又是叹气，手中那张皱皱的成绩单看得出已经被来来回回拿出好几次。当时，不属于同一所学校的大女儿、我和先生在一旁看得出神，这并不是我们第一回见到如此在意自己分数和总平均的芬兰学生呢。

才刚参加完大女儿学校结业式的我们，在大女儿班上已经看到好几位孩子，拿出手机急着算出手上成绩单的总平均分数。有时甚至站在一旁的芬兰老爸也会慢慢走到孩子座位旁，弯下高瘦的身材，低着头用眼尾的余光迫不及待瞄着孩子的成绩单。每一次我在教室看着这画面，总不免会心一笑。

我转头和一旁的先生说，哪个孩子会真的不在乎分数呢？是人，都会在乎吧。更何况，孩子就是孩子，拿到成绩单后，不是满脸懊恼地生闷气，就是大大松了一口气，也有的猛计算自己的总平均分数，然后互相打探彼此的成绩。他们各式各样的不同表情，让身为旁观者的我们，多了些许的苦涩与甘甜趣味。

有一回，我和朋友们说起这些见闻时，一位仍属单身贵族的朋友就问我，如果已经不去评比了，为什么孩子们还是会在乎成绩呢？

在我为人父母之后，似乎对于每个孩子的心性与人的基本心理，有了更深一层的认识。每个人都渴望被爱、被重视。相互较劲、对比，似乎是人性的一环，就像是同一家庭里的两个孩子，还是会在意父母是不是比较偏爱谁。人的感性与理性，总在这种拉扯之中或强或弱的消长起伏着。每个孩子都希望能有好表现、讨人喜爱，但却又因为个性、才能不同，在每一个阶段的学习表现自然不相同。

这样说吧，哪个孩子不想求好？许多最后自暴自弃的孩子，其实是因为学校、家庭、社会、性格等因素所造成，不管是北欧人，还是亚洲人，人性都是相同的。问题在于，一个社会怎么去看那张薄纸一片的成绩单？

家长会怎么说？学校、老师，甚至于街头巷尾的邻居们怎么看？还有，整个社会国家与政府教育单位会不会一起去推波助澜？国家与为政者的首要责任，是给大家希望，而教育不是只有给精英和所谓"优秀的人"希望吧？而是必须要让不同的孩子都有一线曙光与希望。不论成绩单上的分数高低，教育不能成为人性相互比较的催化剂，不能成为分类、贴标签的审判官。

当整个教育体制不去计较那种过早让学生产生比较心态的分数，或是进一步去激化以分数作为互相竞争的心态，而是鼓励大家一起以跑马拉松式的方式永续学习，让老师和学生都能够较平和的以自我成长为学习宗旨，那就是从制度面上形成了公平、实在的教育环境，而不是制度反而成为扭曲人心的可怕深渊。

在芬兰，最有趣也深具意义的，还是莫过于学校总是不去计算任何学生的学期总平均分数，也从来不会为孩子们做任何的成绩排名，因为教育体系认为这时候去做任何的排名，没有什么意义与建设性。

说起学习成果的评比，两个女儿曾经分别在赫尔辛基国际学校各自念了两年整。学校每学期末，各科目任课老师会分别为孩子写上一些话，当做学习成果评量。有趣的是，不同科别的老师竟能将同一个孩子的个性与学习态度、成果表现等，准确描绘出来。

两个女儿后来分别转入不同的芬兰学校。低年级的学习成果评量，也是一份各科目老师撰写的总学习报告；随着年级升高，才有了各科目的评分。

如此一来，家长对于自己孩子在校期间，而且是长时间以来的个性发展、学习态度、和同学相处情况等，透过各科目老师的说明与建议，将会有更深切而整体的了解。这种与其说是学期成绩单，倒不如说是老师对每个孩子一整学期的学习与成长，花了心思所写出来的综合观察报告与对话来得更贴切。

18 让孩子尽情发挥创造力

"荣誉"与"校誉"都是学校与老师的，那么，孩子的呢？在未能开发每个孩子的创作力前，就先去决定谁有能力做到老师要的，这种谁好、谁不够好的评断，到底对不对？

"学校教育的目的，是使学生学会适当表达自己，而不是抹煞个人的创造力。"

我脑际时常回响起这几句芬兰朋友们说过的话。

走进赫尔辛基大学在市区北郊的教育学院附属学校，每当看到各教室里外，贴满了孩子们精彩耀眼的画作，我总是情不自禁地被这些充满视觉效果与童趣观点的艺术表达所深深吸引住。

我好喜欢看到孩子各自的作品里，那种属于真正个人思维的绽放，而一整排画作看过去，似乎又能集体展现出这一代学子们的风格与心灵。有的孩子画得很不错，有的似乎少了那一笔，但是，每个孩子的创作都会被呈现出来，而非只挑出最"符合"老师品评口味的。

我远远看着，就已经觉得创作感十足，走近细瞧，更是幅幅有特色、张张都可喜。小朋友任何天外飞来一笔，都显得独树一帜的奇趣。细腻有细腻的美，潇洒有潇洒的味道。

脑海里不禁浮现大女儿有一次语意幽幽对我说，以前在台北念小一时，老师每一周都会挑选两个同学的周末习作图文单，贴在教室外面的走廊上，有一个女孩的作品几乎每周都会选上。我一边听一边还没觉察些什么地说："这事我知道啊……"

但接下来，她说的话让我大吃一惊："所以，妈咪，有一天，我就学她画……"

"你说什么？"我惊讶之际，音调陡然高昂起来。

我瞪大着眼，很不能理解地问女儿："为什么？学她什么？"

女儿静静看着我说："学她画啊，因为当时我也希望自己的习作单能够被老师贴在走廊上。"

我有点生气地问："你以前怎么没有告诉我？妈咪可以帮你画，也可以指导你，让你的习作单常常被挂在走廊上！"但我心肠立刻软了下来，也恢复理智，接着说："但是我从不愿意这样做，因为我希望你先学会用自己的方式去表达，因为你那时候才七岁，而且我真的认为你已经画得够好了。

"七岁的你，有着多么无限宽广的想象力啊！我们大人、老师都不免有些既定的框框架架。如果用我们这代的框架，限制住了你们奇妙、无穷的想象力，那是多么悲哀的事！

"有时候，并不是整齐划一，跟工笔画一般，或不留白的涂满，就是好作品。任何一件作品，都要有创作者自己的想法。如果你和妹妹画出来的笔触一模一样，那我一定欲哭无泪。"

来芬兰上了几年学的大女儿，这时候又说了："妈咪，可是我后来到了芬兰，有一次上手工艺课，我正想要按照某个东西的样子去做时，老师却让我停下来，反问我说：'我们不需要去拷贝。你对于这个作品的想法是什么？这样子就是你要的吗？'"

我心头一块石头放下，柔声对她说："所以你以前在中国台湾画画，或是做墙报，妈咪最多帮忙一起找找合适的纸罢了。我最不想，也不愿意直接给你指示。如果我当时这样做，你或许会因为有好多作品被贴在教室走廊外而沾沾自喜。但是以后，你要用黄色、蓝色、该不该涂平整，岂不是都要来问我了，妈咪岂不是会被烦死了？而且，我更不喜欢你们没有找到自我、失去了思考与尝试开创的胆识。"

我们一阵交心之后，就开始了吱吱喳喳的闲聊，闻风而至的小女儿也撒娇地加入了谈话。

还没机会在中国台湾上小学，就跟着我们到芬兰来的她说："妈咪，我跟你说，其实为什么要挑选呢？我们班上每一个人的作品都会被放在教室外的走廊，或是全都贴在教室的墙壁上！"嗯，果真是芬兰式的全体鼓舞展示法，大方地把大家的创作展现出来，一视同仁地尊重、看待。

不甘示弱的大女儿也赶忙七嘴八舌地说："对啊，学校老师对于同学的作品，不管是写作，还是绘画，都会全部贴出来！"

她们似乎已经忘了妈咪的存在，你一言我一语说得起劲。我满心喜悦地看着她们。

突然间，其中一个叫我："妈咪，这样才是公平，对吧？本来就必须要让大家的努力同时被看见啊！"

我急忙回答："是、是、是！"

这时，另一个声音响起来："你必须要想到其他人，才是公平！"我又转头笑眯眯地回应着："喔、喔、喔……"

有一次把这些对话和先生说了，同时也想起来，难怪以前大女儿在国际学校二年级时，老师要学生做一个印度专题，当时我们以亚洲家长的身份来看，自觉大女儿做的一座纸雕像真是漂亮，但后来"竟然"没有被老师特别拿出来在班上的学校日里夸奖一番。当时不了解，现在却真的懂了其中的人文思维。

其实，孩子们是应该有更多一些时间来学习、成长的。老师和教育体制不应该在他们心智发展尚未成熟的时间点上，就去做无谓、扭曲人心的分数排名与能力竞争。

虽说未来人生之路，既漫长又需要多种能力去应付，但才七岁的孩子，就被大人驱策去做一些超龄的较劲，不仅似乎是早了点，而这其中的大人与师长心态，总不免让人思索。

当然，我很能了解，为什么不少学校的老师要挑选班上某几位孩子们的作品去张贴，因为这代表了老师优秀的指导成果，也代表着这个班级的"荣誉"，更代表着学校集体教学的优良质量。当一切都是为了师长的"荣誉"与整体的"校誉"，就得找到所谓最棒、最好的。于是大多数的孩子无法有机会崭露头脚，于是少数家长开始想要参与孩子的创作，老师也加入"指导"阵容，毕竟，整体"荣誉"要比学生个人的心智发展来得重要，因为没有了这些"荣誉"，大家就会认为学校没有"竞争力"，学生的未来也就没了"保障"。

但"荣誉"与"校誉"都是学校与老师的，那么，孩子的呢？孩子的用心与创意，真的只是为了成就那些虚幻的名誉吗？在未能先去开发每个孩子的创作力前，就先去决定谁有能力做到老师要的，这种谁好、谁不够好的评断，到底对不对？

第三章

文学、艺术、运动，全方位的学习

19 女儿们的多语言学习

从某个角度来看，两个女儿是无从选择地置身于多语言的外国环境里，可以说有点"被迫"从小开始就接触到多种语言的课程。至于算不算是"幸运"呢？就见仁见智了。

大女儿的学校，是一所以英文为主要教学语言的英芬双语学校。绝大多数学生的母语是芬兰语，而学校多数科目则是用英语来教学。至于校方开设的芬兰文"语文"课，则是依照国家核心课程纲要所规定的授课时数来教授。

大女儿除了每周有一至两堂的个别芬兰"语文"课外，其他时候则和班上同学一起上芬兰文课，不过她的芬兰文是以第二外国语言来学习和衡量的。

她跟着其他芬兰同学们一起上芬兰文课程，包含了阅读或文章分享等。虽然她不见得能如芬兰人讲母语般的通顺，但语言学习本来就有"浸染、融入"的效果，所以她一方面很高兴能和同学一起上课，一方面也借着这样的机会，练习逐步累积而得的芬兰语程度。她正经八百地说，她的芬兰文"听力"最强了。

至于其他外语课程，大女儿小五开始每周有两堂的法语课，也曾经参与学校两年的德语社（German Club），现在七年级的她，又得和所有芬兰初中的孩子一样，每周有两节必修的瑞典语。对于能上瑞典语课，她其实比很多芬兰孩子都来得兴奋。除了没有普遍芬兰人对于瑞典语的历史包袱之外，更因为她对学习语言，充满着浓厚的兴趣。

小女儿的情况稍有不同。她上的是芬兰公立学校所开设的英语IB课程，课程除了有IB的主题内容外，许多课程仍必须依照芬兰的国家核心课程纲要来授课。

她小四开始就有法文课，芬兰文课也是必修语文，每周两堂，以学习第二外国语的标准来上。

除此之外，我们这六年来一直要求她们在家说中文，也利用平时尽可能帮她们学习一些中国台湾小学的中文课程。至于台语呢，就仰赖日后回国的三年期间，再好好充电了。

算一算，大女儿已接触到中、英、芬、法、德、瑞等六种语言，小女儿也有中、英、芬、法等四种语言。很多人问我说："孩子们适应的来吗？会不会搞混了？"我想，大体说来，她们都还蛮适应的。

平心而论，她们真的很喜欢学校上的这些语言课；虽然老大偶尔会抱怨法文真是麻烦，一大堆词类变化和文法要记等，而且看到字，不一定就能顺利发音出来。又说，比起来德文简单太多了，一切的拼字和文法好像都很合理！

听着她在不同时间，有一搭没一搭的学习语言心情，我觉得这中间的过程果真冷暖自知；但仔细观察她之后，却又深深感受到她的乐在其中，不仅自己能逐渐条理出如何分辨不同外语的门道，身边也充满了同时学习至少三种语言以上的同学。在芬兰，哪一个孩子不是双声带或多声带地在教室内外活蹦乱跳、自由沟通呢？

至于会不会搞混了语言？不得而知，但即使偶一为之，孩子们之间好像也没那么严肃吧！学校的语言教学方式与评量法，绝对会影响孩子学习语言的兴趣。

不可否认的，芬兰孩子们在学习不同语言的时候，比如学英文发音，偶尔不免将一些单字以芬兰式拼音念出来，并带着一点点芬兰口音。大女儿刚从国际学校转学到芬兰英文学校没多久，曾经向我抱怨，班上有些男生说英文会有芬兰口音，还说，同学或是芬兰老师总是叫她An-ne-te，重音放在第一音节的An，每一个音节都念出来；而不是像英文的Annette，最后的te不发音，重音节放在第二音节的ne。

所以"迈克"（Michael）这个字，如果用芬兰式发音可能会变得很奇怪，因为是所有元音都发音，就会念成"米凯艾尔"（Mi-cha-el）。

当然，也有人对我们说："你家孩子可以学这么多语言，好棒！"从某个角度来看，她们是无从选择置身于多语言的外国环境里，可以说有点"被迫"从小开始就接触到多种语言。至于算不算是"幸运"呢？就见仁见智了。

毕竟，她们的中文读写的运用熟练度与认知程度，目前远远比不上众多在中国台湾长期念书的孩子们。而她们平日上完课回家后，还有许多功课和学习进度要复习，所以中文的学习，只能排在课业之余或周末的不同时段。

另外，这也是一种相对的时间排挤。如果每天她们回家后，多半时间用于学习中文，那必然也会压缩到接触其他艺术、运动与自我阅读的机会。

每个孩子拥有的时间都是大同小异的，想要样样精通，绝对需要投入更多时间与精力，并非一厢情愿、一蹴而就能做到。况且，北欧社会总是希望孩子能量力而为、适当发展，所以教育学习中的过与不及，都不被鼓励，而是一再强调均衡的发展与平衡的生活，才最符合人性。

而我更深深体会到，语言，还是要有个基本强项，不论是原本的母语，或者是后来学得精通的一种外语都好。与其每种语言都各沾两下，却无法持续深入研修，倒不如把母语和第一外语视为最终的根本。

从实务面来看，要能真正启蒙思想、深入学习，还是得要有一个基础深厚的母语或娴熟度不亚于母语的第一外语。当然，对于每隔几年就必须跨国搬迁的孩子们来说，所面对的学习过程与许多在国内的孩子不同，所以母语和第一外语两者间，就无可避免地产生何者比较擅长、熟练，何者比较需要再加油的情况了。

对于一直以来都以英文为第一外语的两个女儿，在未来回到中国台湾的三年间，必定会有一段辛苦且不为人知的成长历程。但是我相信只要学习环境给予适当的宽容，以及能适当欣赏她们其实已经拥有的不同语言能力和知识，给予她们弹性和时间，相信她们一定会愿意全力以赴地调适自己，就像她们六年前从台北搬到赫尔辛基时一样，努力地赶上语言的差距。

20 母语文学课：大家来说故事吧

一个孩子能一次读到全班十来个同学的思考逻辑、创意运笔，而且还得认真看懂每个人的思维路径之后，才能接续写下去，最妙的就是所有故事的结局，都会交还给原作者去收尾。

芬兰基础教育所界定"母语与文学课"（Mother Tongue&Literature）的学习内容，除了基础语言学习外，还包括对于文学的逐步探索和系统性的导读，主要是希望学生除了能具备基本的沟通能力外，还能拥有基本的文学底子和文字运用能力。

老师们在母语语文课里，会依照国家核心课程纲要的规范，带领孩子们进入丰富的语言和文学世界。芬兰教育借由这门课，让孩子们在个人写作与集体创作中，充分发挥想象力与创造力，更透过弹性与互动的学习方式，让学生从个人一对一的研习，到小组学习，再到全班讨论。[①]

有一回，我见到小女儿坐在书桌前，津津有味地读着几页手写文件，我好奇问她："什么事这么有趣？"

她笑眯眯地回答说："这是我自己起头的一个故事，然后班上其他十几位同学一个接着一个写下去。现在我正在看我原来写的故事剧情是怎样发展的，我最后再来写个ending。"

她回过头继续读，我静静看着她最后拿起笔来，边想边写了几段文字，最后开心地写下：The End.

她说："你知道我班上的尼尔（Nill）吗？他在自己开头的故事里，把其中的人物设计成被暗杀了，他对自己这个创意很得意呢！"嗯，暗杀？很得意？

小女儿继续讲："他让主要角色死于一起爆炸案，呵呵，可是接着写的同学们，纷纷重新给予这些人物新生命，让他们一一复活！我们还偷偷讲好之后，再分头去写呢。"

"所以，你们是在写小说？"

"是啊，说是写故事也成，说在写小说也行。"

我心里想着不管是读小说、写故事，充满着想象力和趣味十足的作业，不仅能启发孩子们的创意，还让孩子心灵里的"恻隐之心"，都被自然激

①：芬兰国家教育纲领中，与本文相关的《母语文》学习重点（摘录自：National Core Curriculum for Basic Education 2004, Mother tongue&Literature）：
1. The pupils' interaction skills will have developed so that they want and venture to express themselves in writing and orally, both alone and in a group.
2. The pupils' skills in interpreting and utilizing various texts will have developed so that they are able to summarize a fictional text's plot, to prepare character descriptions, and to follow the characters and the evolution of their relationships.
3. The pupils' relationship with language, literature and culture will have developed so that they can find factualand fictional literature and other texts that interest them, and are able to justify their choices.

发出来了呢！

而一个孩子通过一次作业，能读到全班十来个同学的思考逻辑、创意运笔，而且还得认真看懂每个人的思维路径之后，才能接续写下去，最妙的就是所有故事的结局，都会交还给原作者去收尾。一路写下来，动辄上千字、好几十页。

写作能如此多样化，而书写，偶尔也能如此的不孤独，这是多好的事。

可是这样的集体创作模式，能否在其他国家一体适用呢？恐怕不见得。对于已经习惯凡事都要分个高下、打分数的教育体制，这样的写作活动还真有着实际运用上的难度。因为可能会有家长向老师抗议，怎么可以让作文程度有落差的同学，为自己孩子的故事接招、操刀呢？不仅破坏了自己孩子的创意，还会让老师无法对每个学生的程度高低，打出绝对的分数。而很难计分这点，想必会让不少师长束手无策。

可是，创意是需要去打分数的吗？集体创作，一定得去区分高下吗？

有时不需要去分高下，也能成就一个好的团队合作（team work）；相互激发出来的灵感，会成为凝聚一个生命共同体的基础。当一切回归到合作，就不会目光如豆地只看到"竞争"和"要赢"。让孩子享受一下纯真的友情，分享创作一个故事的真实趣味，远比从小被教导打败同学，更人性、美好。

只要跳脱"学校里的活动每一项都要评分"这个想法，那么不论母语课或是任何外语课，都可以用分工合作并保有自我的方式来学习，透过不同的角度和广度，启发、引导学生的心灵。

类似的模式，念另一所芬兰英文学校的大女儿也曾经历过。当时老师是让同学们以匿名的方式，接续写一位同学的文章。最有趣的是，等大家都写完后，同学们会彼此互猜到底哪一篇是谁写的。

有一天放学回家之后，大女儿有点自嘲地对我说："妈咪，罗亚（Ronja）问我某一篇是不是我写的，我说：'是啊。'"我惊讶地问她，罗亚是怎么猜出来的，大女儿说："妈咪，我写的芬兰文，本来就和其他同学有差距，所以罗亚问我的时候，我很高兴她一下就看出来了呢！"嗯，看来我是多虑了，孩子们可是玩得很高兴……

　　在我上一本书出版前，小女儿有一天突然对我说："妈咪，你的书是non-fiction（非文学类）吧？"我下意识地答复说是啊，喜欢读各种小说的她接下来马上讲："那我跟你说，我以后要写fiction（文学小说或虚拟小说类的书籍）！"看着她可爱眼睛里透出的晶亮神采，我喜滋滋地抱着她入怀，跟她说："都好啊，fiction或是non-fiction，都好！"

　　当我们习以为常的以为作文就只是议论文、记叙文、抒情文、应用文等，而在"起承转合"的局限中打转时，女儿的问题却点醒了我，喜欢沉浸在想象与幻境故事里的她，已经经由学校教育的语文课程启发，认识了另外一个美丽的文字世界。

　　这就像我的一位作家朋友，很擅长把真实人物糅进小说情节里，所以当他的读者还在猜故事中的女主角庐山真面目为何之时，他已经迈向另一部创作了，还回头说一句："这只是小说，OK？"而女儿也不只一次"告诫"我："妈咪，我写的那篇只是小说啦，OK？请不要大惊小怪！"

　　可是我们小的时候，哪学过什么小说体、非小说体？我们根本没什么机会去写一个可以自由运用想象、让自己去发挥的故事！写那样的文体，在念书考试挂帅的环境与氛围里，可能比不上写出一篇看似头头是道，但却空洞无感情的文章来得更受欢迎吧？我想着……

21　孩子森林找路去

　　芬兰到处都有森林，所以孩子们必须自小就学会辨识方向，习惯在森林里找路、使用罗盘和看懂地图。说起来，这还真是芬兰教育界对下一代责无旁贷的义务。

"今天上体育课，我差点迷路了，好紧张喔！"大女儿就读四年级的时候，有一回下课回来，气喘嘘嘘地说。

迷路？我倒紧张起来："迷路？什么意思？"我赶忙问。

她发挥了最习惯的比手画脚，边掏出书包里的作业边说："开始上体育课以前，老师发了张地图给全班同学，带我们到学校附近的森林区，要我们两人一组，自己找路回到学校。我和同学两个人一边找老师在地图上标示出来的转弯点、树啊、柱子啊，还要学会看罗盘，确定方向在哪里，挺累人的。"

"不过我们都带了手机，同学边走边打电话相互询问。最后总共花了一个多小时，才把地图上的点全部找齐。"她停了一会儿，喘口气继续说，"妈咪，其实我当时好害怕，一直觉得抓不到方向。"

不要说她会害怕，对我这个第一次听到体育课会到野外去"自己找路回去"的人，也够惊悚的！

这个在芬兰教育体系里，名为"定向越野"（Orienteering）的课程活动[①]，是希望能推广辨识地图与寻找方向的能力。因为芬兰到处都有森林，所以孩子们必须自小就学会辨识方向、习惯在森林里找路、使用罗盘和看懂地图。说起来，这还真是芬兰教育界对下一代责无旁贷的义务。

芬兰孩子从小学的体育课开始，就加入了这样实用的内容与节数，体育老师会利用两节课的时间，带领全班到不同的地区练习"找路"。这样的课程从最简单的辨识方向与路径开始，而今年七年级的大女儿上则是到赫尔辛基北边一座伴侣岛（Seurasaari）去上这堂课。

---

①：芬兰国家核心课程纲要中，关于《定向越野》（摘录自：National Core Curriculum for Basic Education 2004，Physical Education）：

* At the end of 4th grade：know how to move about in the natural environment，making use of an instructional map.

* Final-assessment criteria for grade 8：The pupils will know how to orienteer with the aid of a map and compass，and know about rights and responsibilities of public access.

拿出已经快要折烂了的影印地图，七年级的她指着上面花花绿绿的路径和指定标示点，语带兴奋地对我说："就是这个伴侣岛。地图这儿的草丛、小路和岩石堆，都放了老师藏好的小标签，要是没发现，真的会迷路。不过，很有挑战性呢！整个岛这么大，我们大家找路的时间根本不够用。哦，我脚好酸喔。"

她这么手舞足蹈地说了十几分钟，我看得出来，她很喜欢这堂课，不管脚酸不酸，时间够不够用，她已经有自信能和同学分工合作，凭着手上的工具，就能把老师规划和设计过的训练内容一一完成。

我帮她打气："这运动很不错，让你们能有两个多小时的时间去亲近大自然！"

大女儿笑起来说："是啊，伴侣岛上有些小路和地方很适合摄影，我这次做定向越野才发现的，找个周末，我带你们再去一次！"

最喜欢在一旁凑热闹的小妹，马上接腔叫着说："好啊，好啊！"而且还自己转了个弯地加了这句话："我们班去的那个森林也很好玩！"

这倒让我想起来了，我附和她说："对啊，也不错，就在离市中心不远的地方！"我是真的去观摩过小女儿在小四所上的这堂定向越野课两三回呢。对于身为外来客的我，可真是新鲜感十足。

小女儿以一副过来人的姿态说："我们也是两人一组，拿着老师发的地图，分别去找不同的标定点。找到之后，就把挂在树上的标示拿下来，再把手上另外一个标示放上去，让别人接着来找……"妹妹说得起劲，经验更多的姊姊却已经有点不耐表情，不一会儿就走开了。

小女儿的老师，在我观摩她们班的定向越野课时，分享了"标准式"的芬兰哲理："森林之于芬兰人，是一处可以让心灵对话的地方。有不少芬兰人心情不好的时候，会选择走入森林，让自己去拥抱大自然。"

"定向越野"就这么成为芬兰孩子在基础教育中的"全民运动"。教育体制在人们幼小时，以生动、实用的方式，让体育课变得丰富，而在野外走路、寻路两小时，不仅训练了孩子的体能，同时也训练了心智、方向感和自信心。当然，这也将成为一段儿时难忘的记忆。

其实，在西方世界，有许多运动都是在孩童或是学生时期，借由家人、师长的带领，或是体育课程的设计融入，逐渐变得普及，而北欧人的越野滑雪、下坡滑雪、溜冰、冰上曲棍球等等，就是这样一代一代传承下来发扬光大。

有一次，在一场欧洲某国官员即将离开芬兰的惜别酒会上，一位美国记者很开心地问我："中国台湾的孩子都打棒球吗？"我看着他，一下子忘了该如何接话，其实我知道他想说什么。果真他下一句就是："像王建民一样。"

我笑了，因为我可以想见他脑海里，一副全台疯棒球、孩子从小练球、挥棒的影像。就像芬兰的小男孩才刚学会走路，就穿上了溜冰鞋，学哥哥爸爸冲进溜冰场，舞动双手中的小杆子；还有好像欧洲许多国家的男女老幼们，风靡足球到废寝忘食！

那位美国洛杉矶道奇队的超级粉丝又问了："那中国台湾的孩子都做什么运动？"我开玩笑说，如果是到了初中，那最习惯的集体"运动"，应该是全民拼基测的"读书"吧！

他咧嘴笑开了说："我就说，你们亚洲人实在太认真了。你看看，芬兰人整个暑假可以不用念书，整个月可以不去工作，这种生活多好！"我微笑点点头，然后看着他走进芬兰朋友中去聊冰上曲棍球，人却还沉浸在他那突如其来的问话："中国台湾的孩子都打棒球吗？"……

22　游泳要怎么学

芬兰人不注重单一泳姿的反复演练，也不强调快速、标准，而是鼓励孩子们以自己所会的方式去游完一段长距离，随便孩子变换姿势，只希望孩子真正学会不怕水、会自由换气，享受在水中的乐趣。

　　2008年一个10月的深秋日子里，我来到赫尔辛基市中心一所学校，一辆市政府公交车已经在校门口等候下一个时段要上游泳课的孩子们。我和一群开开心心、吱吱喳喳的五年级小朋友们上了车，一起前往城中的一所室内温水游泳池。

　　带班的海蒂（Heidi）和安提拉（Antilla）老师说，赫尔辛基市政府教育局为了让每个孩子都学会游泳，替一到五年级的学生规划了一个由专业游泳老师教学、每学期大约五周的游泳课程，市政府也提供免费的巴士专车往返接送。

　　公交车里一共载了两个班级的孩子，浩浩荡荡地开到一处位于赫尔辛基大道上的游泳中心。我心头暖烘烘地望着孩子们蹦蹦跳跳地鱼贯下车，笑啊闹地到游泳池去。

　　游泳要怎么学，其实过去十年来，我一路从女儿三岁在美国学游泳就开始观察了。当时只见一群两三岁的小小孩，在老师悉心陪同下，配上各式各样的辅助教材：有绑在腰际的小浮筒，有捆在双手臂上的小气圈，还有弯曲多色彩的浮条，和不同尺寸、形式的小浮板。老师以非常生动、活泼的玩乐式教学，让孩子们从开始有一点点惧怕下水，到后来争相在泳池里嬉笑玩耍、水上水下的浮沉潜泳，笑得合不拢嘴地结束这一堂课。那种自然而然、欢欢喜喜的学习过程，让我印象深刻极了！

　　从美国回到中国台湾的三年之中，也陪同孩子们去上过不同的游泳课，见过很不一样的教导方式，看过几堂孩子们的学习过程。我默默地观察、静静地体验，但一直思索着。

　　三年后再从台北到芬兰的赫尔辛基，我们在市中心最大的室内温水游泳池里，看着女儿们从手忙脚乱的狗爬式和可以自然休息喘气的仰泳学起，最初只能游25米，慢慢能游到200到600米，然后更进一步学会潜泳跳水，让我见识到了，芬兰人不注重单一泳姿的反复演练，而是鼓励孩子们以自己所会的方式去游完一段长距离，随便孩子变换姿势；也不强调快速、标准，只希望孩子真正学会不怕水、会自由换气，享受在水中的乐趣。

孩子们除了在泳池上课外，学校的体育课也规划了各年级的游泳进度。女儿们如鱼得水般地喜欢上游泳课，而校内和校外的教学方法几乎是如出一辙，先强调识水、乐水，而不是一直勤练某种泳姿，或单调、机械式的反复双腿踢水等。

过去一年来，我还是会偶尔随着不同的班级，到芬兰的泳池去观察小朋友的游泳课。就以芬兰小四、小五的游泳课来说吧，孩子们除了可以慢慢学会游上几百米外，还可以学到跳水和水中救援（life saving&water rescue）[1]。在泳池里，老师会将同时上课的两班学生分成两组，一组在标有不同高度的跳台上学习跳水。孩子们总是跃跃欲试的一跳再跳，乐此不疲，我则看得有点心惊胆战！老师就这么让孩子们排队按照顺序玩，没给过多的压力，鼓励想跳的孩子排队等候，觉得跳水台过高的孩子，就先在池边或是很矮的跳板上学练习。

学水中救援时，老师先将一个绑有拉绳的物品扔进水中，可能是大的方型浮板或长型浮条，然后让孩子们分别在池边和泳池里，互相以真实情境的体验方式，进行半玩乐式的救援练习。

我还看到另一群孩子们在浮潜。看着孩子身手敏捷地游至深水处，捡

---

[1]：芬兰国家核心课程纲要中，关于《游泳》（摘录自：National Core Curriculum for Basic Education 2004, Physical Education）：

* Grade 1-4 objectives&core contents：The pupils will learn a basic swimming skill. Getting used to the water；swimming exercise.

　At the end of 4th grade：The pupils will be able to swim in diverse ways in swimming-depth water.

* Grade 5-9 objective：The pupils will develop their swimming skills and learn water-rescue skills.

　Final-assessment criteria for grade 8：The pupils will master swimming and know how water-rescue skills.

起老师扔到池底的塑料圈，交还给老师后，由老师再扔进池子里，让其他小朋友继续玩。你丢我捡、我扔你找的真实场景，就这样扎扎实实地让这些半大不小的萝卜头，毫不见疲倦地往来于深浅水域之间。

踱步到了另一端的大泳池，我看到另一组孩子在标准的25米长泳池里来来回回，以自己会游的泳式往返游上数不清几回了。算起来，可能有三五百米。

这时候，一位缺课错过期中测验的女孩需要自己来回游上几十趟，好补足学习进度。

几十趟？我心里有点自承胆怯，但我更想知道她要游什么式。我一看就哑然失笑，因为她既不用自由式，也不是标准的蛙式，而是游芬兰湖边最典型的"抬头"蛙式。她游得尽兴、不慌不忙，老师也悠哉地看着她游完，然后将距离记录下来。

我和海蒂老师聊起这些观察。海蒂老师说，其实对于年龄不过小学四五年级的学生，老师真正想要知道的，只是孩子们可以游多久，游多远？至于，姿势标不标准，会不会某些姿势？这些都不急，因为到了七年级以后的初中还有游泳课程，学校会等少年期骨骼与肌肉发育都比较成熟之后，再来好好教导、修正孩子们的动作，而这一点都不嫌迟！

23 在框架中学习，不是真学习

如果真是为了孩子好，我们到底是应该教他们认识真实的环境，还是"制造"出一个规划好的环境，让他们学会一些自以为足够的技能呢？教育是真实的启发，还是只能让孩子在框架里飞行呢？

从小到大，我都以为，游泳课就必须由老师先教会动作利落又漂亮的自由式，以及手脚姿势和换气都很标准的蛙式，然后上课时不断练习自由式的腿要打直踢水，手划水的动作要标准，一整堂课下来通常就是水花四溅的打水、踢腿。而我学过唯一与适应水性有关的，就是闷气的水母飘；至于跳水和救生练习，嗯，好像都很遥远，即使教了，老师也可能只是简单提到，大家练一下，无法真正融入游泳课的教学里。

游泳课程到底要如何上，或许有一些文化与国情的差异，但游泳课程或是一门课的本质和教学的最终目的何在？教育的意义，到底是要将每个人都训练成奥林匹克运动会的选手，还是应该让人人都有机会，去体会与领悟到一项运动，所能带给你我未来人生的乐趣呢？

在芬兰，救援、浮潜、跳水、潜泳等项目，比泳姿动作是否标准还先列入基本学习课程，这并不表示标准动作就不重要，只是稍微区分先来后到罢了。

既然是想要孩子们识水性、亲近水，那么希望让每个孩子都认为游泳课很实用，而且最后自己能游上三五百米，绝对比只要求动作一等漂亮，但学后却不敢游入深水区，甚至也游不上百米来得务实吧！只要孩子真的对游泳有兴趣，还是可以再加入游泳社或上其他课程，而且日后中学的体育课也会再教导更多的进阶泳姿。

搬到芬兰的第三年冬天，我父母来北国一游。有一回我和父母亲一起带女儿们去游泳池玩水，换好泳衣之后，就看当时还不满八岁的小女儿，很卖力地在阿公、阿嬷面前"秀"泳技。

两老喜滋滋地看着她一会儿好似游自由式，一会儿又换成了仰式，再一会儿又变成半狗爬式，在深浅水域间穿梭自如，随便游个200米都没问题。

我和先生骄傲地站在一旁沾沾自喜，这时父亲却意想不到地说了："嗯，很好，可是姿势都不太标准。"

我们不约而同转头看着他，我心想，哇，这得从文化差异上来谈了。

我那看来很开明的老爸，果真还是有对"会游泳"那种深入脑海数十年的既定想法。没关系，回去再跟老爸说明东西教育文化的差异性，现在就先让小女儿"秀"个够吧。

我记得一位在荷兰住过多年的朋友曾说，上游泳课时，老师要当时还穿着T恤的孩子们直接跳进水中，当时她很纳闷，不过后来就懂了，因为这才是最真实的情境。

毕竟，学习游泳本来就不应该只是选手式的泳姿训练，还包括了让孩子玩水、乐水的多样化启发，和学习与切身最有关的自救救人方法。

最近我和女儿们讨论起了她们的游泳课经验。过去6年里，她们只回去过中国台湾3周，当时曾和其他孩子们去泳池玩水。女儿们回想着说，老师说可以直接跳下去，但她们俩一跳就撞到池底了。小女儿一边回忆，一边面带困惑地说："没有2米以上的深水区，要我怎么跳？这根本不合理啊！"

她又突然说："妈咪，没有深水区的泳池，你不可能真的学会游泳的（you'll never learn）！"我笑咪咪地摸了摸她的头……

是啊，我也觉得。除了学不会之外，有一天孩子们会发现，真实的水世界并不像学校泳池那么安全，既没有可以随时踩到底的机会，更需要真正会换气和真刀真枪游上一段长距离。

有时候，我们为了想要"保护"孩子，而设计了许多学习过程中的框架，让孩子只能在框框中走完学习之路。但如果真是为了孩子好，我们到底是应该教他们认识真实的环境，还是"制造"出一个规划好的环境，让他们学会一些自以为足够的技能呢？

是一味警告孩子"深水，有危险"所以最好不让孩子有接触到深水的机会？还是应该正确教导孩子认识水深的危险、学习掌握应对各种状况的技能呢？

教育是真实的启发，还是只能让孩子在框架里飞行呢？我一直想着。

24 舞会

芬兰厅内外挤满了人潮，只有收到邀请卡的学生、老师等能出席；在大厅迎接这些小小嘉宾和老师们的，就是市长、副市长和市府教育局局长，以及这些官员的夫人、先生们。

大女儿十岁那一年，在十月间收到一张来自赫尔辛基市长的邀请卡，邀请她参加市政府举办、市长主持的舞会。这是一场为了庆祝芬兰国庆节所举办的年度市长舞会（Independence Gala），地点就在赫尔辛基市中心、芬兰最具历史地标意义的"芬兰厅"（Finlandia Hall）。这个舞会的源起，应该是沿袭自每年芬兰国庆节，芬兰总统都会邀请上千位重要人士与贵宾出席在总统府举行的国庆舞会传统；但赫尔辛基市长出面邀请的，却是一群不太一样的宾客——赫尔辛基所有学校里年满十岁的孩子们（芬兰小学四年级，外国学制五年级）。而且舞会当天孩子要跳七种舞，包括华尔兹、杰夫混合舞、公鸡舞、芬兰舞蹈（Letkajenkka）等，为了让孩子们能很有自信地入场起舞，老师会利用四年级上学期的体育课，让学生学习至少1个月的各式舞蹈。

当然，每逢芬兰国庆盛会，各个城市都会有不同的规划，所以并不是每个城市都会有市长舞会。就我多年到各地的访谈发现，舞蹈在许多芬兰学校已然从小学低年级就开始穿插在不同课程之中。有一回，我参观土库市（Turku）一所中小学时，校长就很自豪地跟我说，学校在国庆当天也会举办自己的舞会！所以，借着国家庆典的机会，相类似的礼仪教育与社交盛会活动会在芬兰不同地方上演呢。

要进行一场舞会，当然孩子们会有一到两个舞伴一起练习，男女生们自然得先学习牵个小手，互相搭档跳华尔兹等。可想而知，每个孩子在一听到要男女配对共舞时，是如何地先哇啦哇啦叫上几声，又在老师招手说来啊来呀的时候，百般闪躲、害臊不前。

　　然而又可以想见的，当孩子们在老师耐心教导之后，渐渐学会这些舞蹈，渐渐习惯男女自然相处，以及在听老师述说高年级学长学姊当初就是这样练好舞蹈去参加舞会的故事后，心中燃起一股"我终于和哥哥姊姊一样了，I can do it"的骄傲与自信！

　　这群终于出席了舞会的孩子们，后来还以一副过来人的口吻直说好简单，让我们这些小时候没学过什么正式国际舞蹈的"古代"人，心中五味杂陈的一方面替她们高兴，却又带点微微的嫉妒。

　　大女儿出席赫尔辛基市长舞会之后两年，轮到升上四年级的小女儿要上场了！2007年10月，我去了小女儿的学校访谈，看见她们这一班正在练习跳她姊姊跳过的舞蹈，这群十岁孩子的成熟度和极力展现出的学习热忱，真让我刮目相看。小女儿的老师海蒂说："学习舞蹈，本来就是我们国家核心课程纲要的一部分。"我当时和另外一位来自德国的实习老师听到之后，真是羡慕不已。那位德国老师还说，他们国家的教育里都还没有这部分呢！

　　因为海蒂老师的这句话，我翻出了自己书堆里那一本芬兰中小学教育的《国家核心课程纲要》（ National Core Curriculum ）。果真，书里清楚载明，舞蹈是体育课程中必须要教导的重要部分，而且芬兰学生在高中二年级时，校方还会举办正式舞会，那时候的青少年男女，恐怕就不会再像小学时代般的青涩与害臊了吧！ [1]

---

①：芬兰国家核心课程纲要中，关于《舞蹈》：（ 摘录自 ：National Core Curriculum for Basic Education 2004，Physical Education ）
* At the end of Grade 4 ：The pupils will know how to express themselves through physical activity，and how to move with music or a rhythm.
* Grade 5-9 Core Contents ：Musical and expressive movement，dance.
* At the end of Grade 8 ：The pupils will demonstrate through their actions that they understand the importance of rhythm in exercise and dance.

小女儿也像姊姊当年一样，在老师教导下，练了一个多月的舞蹈。12月4日，芬兰国庆的前两天，赫尔辛基市内所有小学四年级的孩子们，终于等到了一展身手的机会。能够出席的每一个孩子，不分族裔与肤色，男的西装笔挺，女的装扮华美，有的特别梳妆修饰，有的将头发挽髻，有的更费心设计搭配，看上去个个可爱、动人。

市府出动了数十辆公共巴士，前往各个学校接送这些小小贵宾到"芬兰厅"。在大厅迎接这些小小嘉宾和老师们的，就是市长、副市长和市府教育局局长，以及这些官员的夫人、先生们。

2007年芬兰国庆节前后连续一周的赫尔辛基，不仅阴雨绵绵，而且日照时光正逐日递减中，是芬兰人一向最不喜欢的晦暗生命周期。但是，市长舞会当天，对于所有赫尔辛基的十岁孩子来说，却可能是人生成长过程中一段难以忘怀的经验，以及生命中弥足珍贵的社交初体验。

天公虽不作美，但一车又一车的巴士，载着一校又一校的小小绅士淑女们拥进大停车场，在室外零度的天候中，众位小美女穿着小礼服，有的连披肩都没有，在冷飕飕的寒风中，踩踏过泥泞湿滑的芬兰厅外缘，跑进大厅会堂里面。站在厅外高处"远观"见习的我，想到我家二小姐也在其中，再看到她们兴高采烈的笑靥与清脆童稚的笑声，不禁也感染到了那股孩子们对盛大舞会的热烈期盼及满心欢乐。

芬兰厅内外挤满了人，只有收到邀请卡的学生、老师、记者、表演者们及工作人员才能出席，家长大人们，就请在家看电视报道吧！记得大女儿以前说："妈咪，我看到市长和官员们握了上千人的手，握到手都酸了呢！我们好像在电影里面的酒会，每个人都和主人握手，然后有人会递上高脚酒杯装的红葡萄汁，和漂亮美味的小蛋糕。大家在舞会开始之前，一齐举杯庆祝芬兰国庆！"大女儿还说，听说前一年的市长舞会请出了 Lordi（芬兰超劲爆重金属摇滚乐团）到场表演，让她们这一届无缘聆听的学生，嫉妒得牙痒痒的。

此时，面露得意的妹妹说，她们今年可是由赢得芬兰"星光大道"歌唱赛（FinlandIdols）第二名的安娜安布鲁（Anna Abreu）来演出，全场都尖叫狂欢！一旁的姊姊听到后羡慕得直说："你们真是太幸福了！"

其实，我满了解小女儿的想法，她等待这场舞会，已经足足有两年之久了！就看她在家里穿上姊姊当年的小礼服，要求我帮她梳起和姊姊一样的发型，配上同一双小小的高跟鞋，她心底一定开心地嘀嘀咕咕："总算轮到我了！"

每年此时，十岁年龄的赫尔辛基小男生小女生，就以这样的方式受邀参加市长舞会来庆祝他们的国家庆典，并走过这道成长过程中的重要关卡。站在芬兰厅高处的我，一边迎着寒风细雨，一边以冷到不行的手指不断按下快门，想要见证这一场年度精彩盛会的入场前奏曲。

我不只是以母亲的身份，更以一位社会文化观察者的心情与角度，记录了小女儿今日成为"最佳小主宾们"之一，自信满满前往舞会的欣喜雀跃之情。总有着这么点感性的我，竟在高处看着孩子、巴士司机与工作人员们一起谱奏出这场人生盛宴时，让自己潸潸落泪了。

25 音乐课：融入"国际化"与欣赏

芬兰的音乐课中除了介绍、赏析北欧各国的音乐特色外，当老师讲述到不同国家时，也会请孩子把讲义上的空白国旗涂上颜色。看来，连音乐课也可以整合、融入了"国际化"的教学风格。

载着女儿们回家的路上，我车上的CD正好播放着1843年出生于挪威的作曲家爱德华·葛利格（Edvard Grieg）所谱写的音乐，后座的女儿们一听到马上叫起来说："啊！是葛利格的！"我当时心想，或许是孩子们在赫尔辛基音乐学院少年交响乐团曾经演出葛利格的一些曲子，所以才知道吧。

但过了一会儿，大女儿突然说："这是'培尔·金特组曲'（Peer Gynt）！"

"咦！是乐团里讲过吗？"

"没有啊，是姊姊学校音乐课老师讲的。"她们说。瞬间，我眼睛一亮！①

大女儿开始告诉我"培尔·金特组曲"的故事。她滔滔不绝的谈起葛利格这部闻名于世的组曲，哪里的戏剧性特别强，哪一段是长笛和双簧管配合的，哪一段是以小提琴当主旋律，然后又如何如何。大女儿虽然很兴奋地一直讲，却被我三不五时打断、询问，就这样，我慢慢拼凑出了一些老师授课的轮廓。

原来，大女儿在学校上音乐课时，老师分成好几堂课，让她们来聆听欣赏"培尔·金特组曲"。一弄懂了其中环节，我不由得想要再深入了解，学校音乐课是如何介绍挪威这位伟大的作曲家的？随后几天，大女儿特地把音乐课上的讲义、笔记都拿回家，让我为她"专访"一番！

细说从头的她，先讲到了音乐课同时也教到了芬兰邻近国家的各种音乐，所以顺手拿出了学校的影印讲义，上面还有各国国旗和欧洲地图呢！看来，国际化的元素不是只出现在数学课本中，连音乐课也可以整合、融入了"国际化"的教学风格。音乐课中除了介绍、赏析北欧各国的音乐特

---

①：芬兰国家核心课程纲要中，关于《音乐》（摘录自：National Core Curriculum for Basic Education 2004, Music）：

*Grade 1-4：Listening to a variety of music, using various means of activation, describing one's experiences andideas. Recognize the music they hear and be able to express their listening experiences using words, images, or movement.

*Grade 5-9：The pupils will know how to listen to music and make observations about it, and present justified opinions about what they have heard.

色外，当老师讲述到不同国家时，也会请孩子把讲义上的空白国旗涂上颜色。而老师在引导孩子们聆听邻近各国的不同歌曲时，也会一并带领她们认识这些国家里面重要的作曲家。

在孩子们聆听了邻近国家的国歌之后，老师还别出心裁地要她们来评分，看哪个国家的国歌比较好听。当然，分数多少完全由孩子们自己决定，并没有标准答案。毕竟，能让孩子自己做主，有参与感，吸引力才会强！

女儿有感而发地说，她们同学都觉得冰岛的国歌旋律"不怎么出色"，瑞典的国歌就很好听，连芬兰老师也忍不住同意，说出喜欢瑞典国歌的主旋律……

在欣赏邻近几国的国歌之后，老师接下来介绍了丹麦音乐，以及丹麦国宝级作曲家卡尔·尼尔森（Carl Nielsen 1865—1931），也介绍了他的六部交响曲。老师先播放听一首尼尔森的作品，然后让孩子们以简单的文字和自创小插图，写下或画下自己听完音乐后的感受。

女儿在纸上写下的是：非常宁静、平和，如同太阳从水面升起的时候，美丽万分……

女儿继续讲到说，老师在介绍挪威音乐时，就引导大家认识了和芬兰西贝流士（Jean Sibelius 1865—1957）并列为三大"民族乐派"大师之一的挪威作曲家爱德华·葛利格，也特别选择了葛利格著名的管弦乐作品"培尔·金特组曲"来播放。

当初，葛利格是受挪威剧作大师亨利·易卜生（Henrik Ibsen）所托，为剧本《培尔·金特》（易卜生最受欢迎的作品之一）谱曲，才有了动人的"培尔·金特组曲"诞生。老师详细解说了整个故事后，就一段接一段地播放"培尔·金特组曲"，但会适时暂停一下，请孩子们分别猜测各段乐曲是由什么乐器演奏的，然后延伸介绍不同段落的各个主要乐器，例如长笛与双簧管分别演奏的是"晨曦"，三角铁是阿拉伯舞曲的叮叮当当主旋律。

我随手翻阅大女儿的音乐课笔记，看到老师在先前课程中，对俄国古典音乐大师柴可夫斯基（1840—1893）的介绍，当然女儿在影印的随堂讲义里，涂上了俄国国旗的颜色。老师对柴可夫斯基的经典芭蕾舞组曲"睡美人"、"天鹅湖"和"胡桃钳"都做了大略解析。笔记中，以芭蕾舞的介绍最引起我的注意。

毕竟，欣赏柴可夫斯基这几部旷世音乐巨作时，如果能同时让孩子们认识古典芭蕾舞，一定会增加聆赏的多样化与丰硕内涵！但我当时好像只关心一件事，我问女儿："老师介绍芭蕾舞的时候，班上的男生会不会觉得很无趣？"她似乎不太能理解，为什么妈咪会问出这么没有深度的问题，因为男同学都听得很入神啊。

芬兰经历了20世纪70年代的重大教改之后，音乐课不再只是带着孩子们唱唱歌、吹吹直笛就好，而是希望为孩子们的音乐欣赏能力，种下一颗美丽的种子，带着孩子以自然、生动、全面的方式，了解古典音乐的历史、音乐家的背景、乐曲的解析与乐器种类的组合，进而让孩子喜欢、习惯去接触、感受音乐。

而老师教学的步骤和结构，会先从一个国家的音乐风格开始，聆赏过几首曲目之后，就以那个国家具有代表性的音乐家为主，描述其生平事迹、时代与生活背景，再继续欣赏这位音乐家所谱写的曲目。整个教学有节奏性，而且步调绵密、细腻，借着同一个国家的音乐风格、代表性音乐家的生命历程和创作，将整体印象与赏析，不着痕迹地烙印在孩子的脑海与心灵里。

而且在教学的过程中，老师要能从多元的角度，鼓励学生们运用丰富的想象力，试着以幼年但仍属纯真的心灵，开始去认识和感触音乐，了解自己喜欢或不喜欢的是哪一些乐章或内容，那"音乐"才能真正与孩子产生互动，让孩子觉得音乐其实没有那么遥远，那么高高在上。

只要老师用心、教育体制鼓励，那艺术与文化的"美育"就不再是呆板的"教与学"，或甚至让孩子以为音乐只是无关"正课"的附属品，或是属于少数族群的"才艺"。而孩子们也可以借由音乐课，同时了解、认识、尊重邻近国家的文化、音乐与艺术！

26 音乐："四季"里的"冬"

"冬"，对于身处北国的我们，听来总是格外触动心灵。女儿说，班上同学都觉得那音符好似大家在冰雪上，踩着战战兢兢的步伐，深怕跌跤，又有望见银白大地的惊喜！

我一直很喜爱意大利作曲家安东尼·韦瓦第（Antonio Vivaldi）所谱写的小提琴协奏曲"四季"（The Four Seasons），不记得自己是何时开始欣赏这位1678年出生于威尼斯音乐大师的作品，但我知道应该不是在小学三年级吧！

三年级转入芬英双语学校的大女儿，在三年级下学期有一次从学校回家之后，兴高采烈地描述了学校的音乐课中，老师播放了一首韦瓦第的作品，听完后请孩子们一同来猜猜，这首曲子是描述"四季"中的哪一个季节？

或许，这问题对已经学了几年弦乐器的大女儿来说不算难，因为她在赫尔辛基音乐学院的少年交响乐团里曾经演奏过韦瓦第的部分曲目。她之所以会那么兴高采烈，是因为没想到在一般"正规"学校教育的音乐课，也会学到这首曲子，并且以整体文化概念的方式来介绍。

至少，她会觉得从小曾经接触过的美丽乐曲，现在能在老师的引导下，与全班同学们一起分享、共同聆听、产生共鸣，还加深了自己原有的认识与印象，因此特别开心。

她说，当天大家听的那首曲子，是"四季"中的"春"，她轻轻吟唱着主旋律，一边和我分享她和同学们聊天内容，其实多半就是芬兰的春天有多"绿"，音乐里的旋律又怎样让大家联想到自家后院的森林与湖泊……

我忍不住又将"春"的乐曲拿出来播放。韦瓦第本人就是小提琴家，所以在作曲时，总会将小提琴的声部发挥得淋漓尽致，让聆赏者随着他精彩奇幻的旋律与节奏，自然融入那栩栩如生描绘四季大自然风情、百余年来早已脍炙人口的经典音乐境界里。

大女儿后来在四年级下学期的音乐课中，又在老师的引介下，全班一起赏析了韦瓦第"四季"小提琴协奏曲的"冬"。

"冬"，对于身处北国漫长严寒日子里的我们，听来总是格外触动心灵。女儿说，班上同学都觉得那音符好似大家在冰雪上，踩着战战兢兢的步伐。她接着说，随着音乐的节奏与老师对乐曲的诠释，愈听愈像极了我们每次行走于北国冰雪大地上，一方面是谨慎恐惧、深怕跌跤的忧心与恐慌，另一方面又有望见银白大地壮阔与纯美的惊喜！

韦瓦第那首"冬"季，就是以这般心境，启动了它戏剧性起伏震颤的乐章节奏，我们来自亚热带的一家，有幸在北国大地，体会到了音乐大师写进乐章里的感怀与景观。

大女儿说，不管是先前在课堂上聆听"四季"中的"春"或是"冬"，老师都会将整首曲子有多少乐章，以及乐章中的基本曲性等分别写在讲义里，让同学一边听，一边可以多少学到一点。

"冬"有三个乐章，分别为不太快的快板（Allegro non molto）、缓板（Largo）及快板（Allegro）。孩子们在老师讲完各个乐章的基本概念之后，就会一起聆听整部协奏曲，但这时候老师要大家闭上双眼，试着去直接感受音乐，等听完后，再写下或画下自己的想法。

这种既理性又感性的音乐课，诉诸的是学生在心灵上的感受与触动，不会出现什么"标准答案"，也不需要交给老师去打分数，然后再做成评鉴报告。老师不会去评选出写得最好或是画得最好的同学，毕竟，感受的潜能如何被启发，是每个人的自身选择，而教学的目的，就是希望每个人都能逐渐学会体验心灵深处的共鸣，不需要矫情，不学会做作，让艺术细胞和文化养分，经由天马行空、自由自在、尽情发挥的开窍过程，成为孩子们终身受用的生活最佳良伴！

同学们也被鼓励可以走到讲台上去，向老师和全班同学描述自己对这些乐曲的感受，分享脑海中的画面与影像。我问女儿，欣赏这些协奏曲的时候，班上同学们都能融入吗？同学对乐团各声部组织都有完整认识吗？她理所当然地说，以前上过的音乐课，早就已经介绍过整个交响乐团了！

哦，这倒让我愣了一下，怎么已经连交响乐团都介绍过了……

大女儿到房间书桌上，把一本不怎么显眼的小笔记本拿了出来，她指着其中一页说："妈咪你看，这就是交响乐团的介绍图。有弦乐器组（Strings）、木管乐器组（Woodwinds）、铜管乐器组（Brass Instruments）和敲击乐器（Percussions）。老师在课堂上，让我们一边看这张图，一边聆听了一片专门制作给青少年听的交响乐团入门CD，里面包含了不同乐器的独奏片段，和各个乐器的特性解说。"

真好，能在基础教育阶段的音乐课堂上，让孩子们以这样的广度与触角，去学会欣赏音乐、了解乐曲、认识乐团，实在是种"福气"！

其实，芬兰的音乐课程，当然不是只有认识古典音乐而已，毕竟一堂设定为"通识"的教学课程，是希望让孩子对音乐有全面的概括性认识。所以，音乐课中还包括了各类型音乐与乐器，如民歌吉他、电子吉他、爵士鼓、敲击乐等。

或许，不是每个孩子在课堂上，都能完全吸收老师所教的音乐常识，但能在学校的"正规教育"里，从最基本的课程内容开始，让孩子在小小年纪就获得启发，然后，在接下来各个年级的音乐课程中，随时找机会一而再、再而三地多方面加强认知广度、提升鉴赏感受能力，那，或许这些原先看似生涩乏味的音乐，将会因而更为亲切动人。不管是重金属摇滚，还是古典优雅弦乐，都将会使孩子们日后的人生更为丰富。

27 认识空间、环境与建筑设计

　　"艺术课"不仅必须对自然、建筑与建物传统历史等加以介绍，五到九年级的孩子还必须借着动手做，来认识芬兰重要的建筑物。我想，让孩子制作姜饼屋，就是一种生动有趣的教学方式。

　　我喜欢芬兰教育对艺术和视觉概念的重视，这堂课就是我们俗称的美劳课，它是芬兰孩子们从小一至初中必修的一门课，称为"艺术"（Art）或"视觉艺术"（Visual Art）。

　　这门课程包含了视觉表现与思考、艺术与文化知识、环境美感、建筑与设计、媒体等，主要是希望能培养学生的视觉概念与思考习惯、对美感的了解认知，并协助学生动手创作，体验视觉艺术在生活中所扮演的角色。

　　大女儿六年级时，有一回下课回来对我说："妈咪，你猜我们今天在艺术课中做了什么？我们两人一组，重新改造了七年级学生做的房屋空间设计模型呢！"我惊喜地问："哇！重新改造设计？怎么做呢？"她答道："我和蕾贝卡（Rebacca）同一组，不过我们运气比较不好，拿到的房屋模型动线设计很怪，所以得先思考该如何重新规划室内动线。"

　　规划新动线？六年级？我脑袋一时还没转过来，她却又说了："光是改造与重新构思，我们就花了不少时间！"我顺道教育说："对啊，凡事都不容易。"女儿自顾自地说："大多数同学已经开始构想房子的配色，选油漆、准备上漆；有的在改造家具，只有我们和一些同学还在调整动线！"我安慰她说："那很有挑战性，你今天一定很有收获！"

　　这时她的心情其实已经好转了，孩子多半都这样，她接着说："我好兴奋，我们都很期待看看改装过的模型屋呢！"看她蹦蹦跳跳地跑开了，我心里还是很羡慕她们又再一次的"玩大车"，老师居然连空间与建筑设计都拿来让她们"玩"呢！

不一会儿，我想起了什么似的对大女儿说："你还记得上次圣诞节，你们在艺术课还自己做姜饼屋吗？"她开心地回说："对啊！那次我们两人一组，先在教室上网，找出自己想要做的芬兰建筑物外观，用它当模型，然后以姜饼做成那栋建筑物，再放进烤箱烤成真正的姜饼屋，最后我们开起圣诞节派对，顺便把姜饼屋吃掉，哈哈！"

我开心地说："我记得你们做的是赫尔辛基的国家美术馆，满可爱的，可是你们怎么把它吃掉了？"女儿笑着直说，姜饼本来就是烤来吃的啊！

我又想起："对了，上次我们去参观瑞典斯德哥尔摩现代美术馆的建筑馆时，正好在展示瑞典孩子们所设计的姜饼屋建筑作品与创意展，你们两个看得好快乐，也很能理解制作这些作品背后所花费的精神和时间。"女儿说："对啊，那些在斯德哥尔摩建筑博物馆展览的作品，真是太棒了！"

的确，我在不同学校访谈时，总会看见芬兰孩子在艺术课程制作出来的各类作品。我仔细研究芬兰的国家核心课程纲要后发现，芬兰教育所订下的环境、美感与建筑、设计等科目，正是整体"艺术课"的必要内容。①

---

①：芬兰国家核心课程纲要中，关于《视觉艺术》里的环境美感、建筑与设计（摘录自：National Core Curriculum for Basic Education 2004, Visual Arts）：

* Grade 1–4：Know what architects and designers do, and know some works of architects and designers... . Introduction to and depiction of nature, buildings, and the building heritage；recognition of changes in the environment... Examining, designing, and making objects；three-dimensional construction, making environmental plans and miniature models.

* Grade 5–9：Study and evaluate art, visual communication and the environment from the aesthetic and ethical perspective... Examining the interaction of nature and the building environment, studying the building heritage... Observation, planning, and construction of a space；introduction to the deign process；examination of the connection between material and intended use.

这门课不仅必须介绍自然、建筑与建物传统历史等，还要让学生对环境的变化有所认识、体会。五到九年级的孩子还必须借由动手做，来认识芬兰重要的建筑物与设计理念。我想，让孩子制作姜饼屋，就是一种生动有趣的教学方式。

或许有人会问，为什么要让孩子从小就"浪费时间"去理解和动手做这些模型、设计呢？其实，基础教育给予孩子的，应该是一种全面性学习概念的启发，所以如果教育课程里，能把视觉艺术所涵盖的层面广为介绍，并与整体社会文化艺术活动有所连结，当孩子长大后，就算不完全清楚建筑理论与美学的个中道理，相信也能赏析、理解一二。只要懂得欣赏的族群扩大了，那整体社会的美感就会自然而然提升！

28 工艺课里，自己做外套

一到教室，就先看到男生正在专注踩着缝纫机，为外套绣名字。对于这几位小六男生能够熟练地用着缝纫机，我佩服不已，他们专注的表情和认真态度，绝不亚于打电动玩具的神情。

"妈咪，老师说，下周二带我们到市中心一家布店选购布料，我已经等不及了！"一年前，就读小六的大女儿回到家兴高采烈地说。

隔天下课回家，她又开心地说："妈咪，你看！这是我自己选的布料，米白色的底，搭配着草绿色的圆点。你觉得如何？"

一边又从书包里掏出两大张纸说："这是我的手绘草稿！"第一回自行设计并缝制属于自己的夹克，她今晚在睡梦中必定是笑眯眯的。

当我被大女儿那股欢愉的心情所感染，满脑子还在想着这门有趣的课程时，她突然说，老师交代，买回来的布料得先泡水才行，然后就一溜烟不见人影了。

在芬兰的小学六年基础教育中，工艺课程（Craft）是一门必修课，且不分男女，其中含括了木工（Wood/Technical Work）和织品（Textile/Hand Work）两大项目。[①]这堂课到了七年级时，因为学生的设计、制作与组织能力已经成熟到足以挑战更高难度的作品，且每一项作业所需时间增加，许多学校就让学生从木工和织品择一。到了八九年级，这项工艺科目会依照学习的时数分配，逐渐成为选修课程。

在工艺课中，男女学生们可是真枪实弹地动手锯木材，操作各式机械设备，使用长短针勾打毛线、脚踩缝衣机等。这些生活里多少都会运用到的必备技能，皆在芬兰的基础教育中，为年幼的学生打下"自己动手做"的扎实基础。

以小学阶段来说，老师们为了能照顾到每位孩子的学习进程，所以一个班级通常会分成两三个组，这学期A组可能先上木工课，B组上手工艺课，下学期再轮替。分组学习只是配合现有的资源与空间，家长不需担心谁先学、谁落后的问题。

整个工艺课程让学生能发挥创意的地方相当多，就以手工为主的织品设计为例。大女儿进入小学六年级下学期之后，轮到她们这一组上手工织品课。每周二次，每次两节课，为期三个半月。上织品设计的九位学生，不分男女、不分资质，都将学习完整制作一件服装。

一开学，老师先花了两至四堂课向学生讲解要制作的主题，也请孩子

---

① : 芬兰国家核心课程纲要中，关于《工艺》课程（摘录自：National Core Curriculum for Basic Education 2004, Craft）:

* Grade 5-9：The pupils are encourage to innovation design and to work self-directed, and are guided in valuing the quality of work and material.... Learn to design and produce high-quality, aesthetically pleasing products suited their purpose. In the textile works, one of the contents is to understand the history of textiles and fashion, as applicable in connection with subject areas relevant to household and clothing.

们自行决定与设计想要缝制的服装样式。有些孩子选择设计一件有拉链的外套，也有同学设计了没有拉链的套头式外衣。这些都是现今芬兰青少年流行穿的服饰，总之要让孩子们觉得自己设计出来的衣服件件都够酷，跟得上流行。

决定基本样式后，老师会在课堂中引导孩子去选择个人喜欢的色彩。之后请孩子在设计草图上标出颜色、各种长短线条、有无口袋等，就像是服装设计师和裁缝师傅所用的图稿一样。

因为外套是孩子自己要穿的，所以量尺寸要很精确。同学间分工合作，互相丈量出胸围、腰围、臀围，而袖长、背宽则是以专业的胶布加以丈量，再换算成实际所需的布料尺寸。等细部设计，如色彩搭配、配件质材选择等都一一决定之后，老师就带着孩子们去专业布匹店选布了。

我对于这堂工艺课很感兴趣，所以早在几个月前就跟大女儿的老师说，等到学期末、每位孩子的作品快要完成之时，希望能有机会参访实际上课情形。

一到教室，就先看到男生正在专注踩着缝纫机，为自己的外套绣名字、缝拉链。对于这几位小六男生（芬兰学制是七岁入学，所以他们当时已算是初一生）能够熟练地用着缝纫机，我佩服不已。他们专注的表情和认真态度，绝不亚于打电动玩具的神情。

我也很敬佩老师能同时指导每一位孩子，让这些成品都具有学生个人特色。想起女儿有一次回来嚷嚷说，一位男同学在空闲时做了一条围裙。当时我还问说："是他自己要穿的吗？"女儿笑呵呵地回答："不是，是他要送给爸爸的父亲节礼物！"

课堂里，我看到了粉彩色、水蓝、全黑、纯白的各种既漂亮又酷的外套，一时之间还真有点像是在设计学院。当每个孩子都有机会手脑并用，实现自己小小的"构想"，同时认识布料材质、了解针织缝纫，最后骄傲地穿上了自己手工制作的服饰，我领悟到，这绝对不会只是一堂工艺课而已。

在芬兰，不分男女，从小开始，就有机会接触生活中的不同领域，绝对是持续迈向男女平等的最佳扎根之举。虽然在日后生活中，男女或许仍然多少有别，而多数女孩子在可以自行选择时，可能会选择手工织品，男生则可能偏向于木工、电工之类，但基础教育在初始阶段，就提供男女生相同的机会，不仅可消除日后不必要的性别本位主义，孩子更能体会到手工制作的辛苦与付出，日后若遇见从事手工艺的专业人员，心底那份同情心与尊重感，将更真诚而实在。

29 安娜学苑的"美学周"

这些课程虽然会"占用"孩子们原先的课表内容，但一趟实现创意的初体验，却能让孩子有系统地接触到"美育"，这样的收获与踏实价值，将远甚于少上几堂英文和数学课。

芬兰各地方政府教育局，会依照国家教育文化政策各自规划不同的活动，为孩子们的基础教育，额外提供多元、有趣的美育和体能活动，如先前提过的赫尔辛基市政府对游泳课的交通与课程辅助就是一个例子。

而在大赫尔辛基区附近的艾斯博（Espoo）市政府，也有一个名为"文化与运动之路"（Cultural&Sports Path，KULPS）的计划，每年度会针对不同年级的学生，提供多样化的辅助课程，如固定参访美术馆、博物馆、图书馆，或是安排野外探寻活动等，希望借由这些额外的艺术、体育课程，让学生能接触到更多文艺活动，培养基本的体能。

这几年间，两位女儿都陆续参加了赫尔辛基市政府在市中心"安娜学苑"（Annatalo）开设的视觉艺术课程。市政教育局也在各小区的活动中心开办类似课程，有计划性地让遍布各学区的孩子们，深度认识不同的艺术与文化。

"安娜学苑"是一栋超过百年的古典建筑，学苑里平日就有艺术、戏剧、音乐等表演，和终年不断的多样文艺课程。透过赫尔辛基市政府的安排，这里规划了由专业老师带领的四类选修课程，让孩子们依照兴趣选择想要学习的内容，尽情发挥自由创意。这些课程分别是现代舞蹈、平面设计、视觉艺术、织品艺术设计。孩子在四五年级就可以参加，课程时间为每周一天的上午或是下午，共为期五周。

这些课程虽然会"占用"孩子们原先的课表内容，让孩子少上两堂英文、一堂数学或语文课等，但一趟实现创意的初体验，以及同时开发视觉与触觉的机会，却能让孩子有系统地接触到"美育"，对于日后要欣赏美的事物、了解艺术创作的心路历程、提升感受周遭环境的敏锐度等，都有无与伦比的深远影响。这样的收获与踏实价值，将远甚于少上几堂英文和数学课。

家里两个女儿分别在小五的时候，经由学校安排参加了"安娜学苑"的课程。学校同一年级的学生，不分男女都选择了自己感兴趣的艺术科目。她们虽然每一项都想去"玩"，但因为无法一次通吃，所以大女儿最后选择了视觉设计，小女儿则选择学做一片音乐CD。

这些课程，是在学校既有的基础美育课程之外，让学生有额外的机会跟随专业艺术家、绘画老师、服装设计师等深入学习。当我知道赫尔辛基市政府在基础教育中为孩子们开设了这样课程，脑海里浮现的是曾在中国台湾杂志上看过的一篇报道。文章中提到一位中国台湾新生代设计系学子，当初从高中毕业选择踏入这块领域时，对于设计与艺术实在是一无所知，在无心插柳、坚持走下去之际，才逐渐领悟到这领域的博大与纯美。

或许在我们的环境里，对于这样额外的课程，可能会出现一些不一样声音。家长们可能会有意见，地方议员可能会召开记者会，高声批判这种课程安排的荒唐之极！

　　既然学校原先就有一周四节的音乐、工艺、美术等课程，何须再画蛇添足、浪费教育经费和孩子们"宝贵"的"正课"时间，去学习一些旁枝末节、"没有用"的事物？更何况还会影响孩子们学习数学与英文的进度。

　　我们总是将"四育并重"和"五育均衡"挂在嘴边，教育政策也一直希望达到手脑开发、培养创意的教育目标，中国台湾也把"创意文化"产业当成是新世纪产业转型、提升的重点之一，此时，为孩子们从小多做一点"美育"的规划和付出，应该是件好事呢！或许，教育体制和政府确实可以带头为孩子铺设好美育的架构，建立起美的环境，开设相关的课程，不论是校内还是校外的资源，整合起来一体运用。

　　而这样的付出，必定可以望得见"创意文化"的彩虹，正在不远处……

30 艺术，动手体验

　　两个孩子不论是设计制作一件T恤，或是录制了CD，这些看似不同的文艺活动，都让她们对于创作、发挥创意的过程，以及动手实做的体验，有了更深刻的认识和喜爱。

　　还记得大女儿当时为了"视觉设计"课程内容要如何抉择，特地与我一再讨论，到底是该选平面设计（Graphic Design）好，还是视觉艺术（Visual Art）？我也被她热切期盼但却又认真无比的心情所感染，努力一起帮她构思。

　　最后，她开心地选择了视觉艺术，每逢上课的前一天，她都因为隔天要去做一件欢喜的"功课"而兴奋不已。整整五周的课，其中历程的丰富生动，与学习成果的丰硕，真让我大开眼界，也让我更深一层了解芬兰式教育理念，只要让学生从"平实"里去"平等"学习，原来现实世界与艺术美学，是可以互为表里、浑然一体的！

大女儿的课程，是设计一件自己的T恤。课程开始，老师要同学们先想一句自己想说的话，女儿于是大大地在T恤上印了"Friendship will Never Sink"的字样，然后从基本印染设计、如何画出字体开始学，等印出来的字样弄完之后，就学习如何将整件T恤染成五彩缤纷。大女儿喜爱偏橘黄的风格，所以她就自己调整染料，并设想应该如何配色等，最后再将Friendship等字喷上银色漆。

这样从设计、企划、实做到最后完成，每个步骤都亲自走过一趟。这个经验，会跟着她一辈子，以后只要有机会看到、碰触到T恤，她都像个小专家似的，和我吱吱喳喳讲上几句这个材质是什么、这里怎么印出花色或字样的、字体又是如何选取和制作……

小女儿的经验，是有点不太一样的制作音乐CD，过程也非常精彩。她班上有一组同学选择了学习跳一支现代舞，之后还会录制演出过程。而学习制作音乐的同学，除了要自己录制一片音乐CD，也要帮忙跳舞那一组的同学选曲，录制嘻哈风格的街舞舞曲，或轻松奔放的现代流行舞曲。所以，整个课程结束时，他们不仅完成了自己的艺术作品，还有机会分享、参与别人的艺术习作经验。

小女儿去了安娜学苑的课程几周后，带回来一片CD，封面上印的正是她们一行七位同学摆出了酷酷Pose的照片。我们迫不及待要拿去播放，她却开始有点害臊起来，直说："No，No，No，别听了，我本来还可以唱得更好的！"

她挡不住我们快手快脚地开始播放，只好抿着嘴在一旁生闷气，但听着听着，她却又忍不住东一句、西一句地开始评论起来：这里本来可以再调整一下什么按键，那里应该可以再加一小段什么配音，感觉还蛮"专业"的呢。

小女儿的这片CD有流行音乐曲风，配上了各种不同的节奏，更有她和同学分别主唱的歌曲。我们听得开心，逗得她既羞涩又笑嘻嘻地跑进了卧室。

两个孩子的这段"安娜学苑"艺术之旅，在小小年岁所学到的，不论是设计制作一件T恤，或是录制了一片CD，这些看似不同的文艺活动，都让她们对于创作，或是找灵感、发挥创意的过程，以及动手实做的体验，有了更深刻的认识和喜爱。

孩子们有机会敞开心灵去接触、体验、启发、手做，才会对我们生活与生命最息息相关的周遭环境与事物，如音乐、艺术、设计、人文甚至运动等，产生理解、认同与敬意，也更能亲身体会到什么是真正的"行行出状元"。

生活中的"美"和艺术的心境，都是无所不在、随手可触的生命认识。你不见得一定会喜爱古典音乐或现代雕塑，但从小认识甚至体会如何创作，必定能丰厚、深触你心灵的某处。

31 八年级学生，乐在实习

这些八年级生到底在"实习"什么？不在学校上课，却出现在不同的职场上"工作"。会不会"耽误"课业呢？这到底是什么制度，让芬兰各地的初中生要抽时间去职场实习？！

初到芬兰的头一年，一位芬兰朋友在午餐会上跟我说："我儿子这星期会到国会实习呢！"我有点惊讶，但因为不甚了解这类实习内容，也不清楚她儿子安东尼的学校是什么课程需要实习，于是简单响应说："哇，真好，要到国会实习！改天我先生有机会到国会拜会时，遇上安东尼，一定跟他问好。"

当时我心里只有一堆疑惑：为什么八年级的学生要单枪匹马去国会实习？要做什么？又能做什么？是去工作实习的吗？要实习多久？为什么可以不念书跑去实习呢？①

几年后的一个九月，我来到赫尔辛基附近万达（Vantaa）市郊一所小学，很凑巧走进一间教室，看到一位面带羞涩的大男孩正在教一群低年级生算数学。班上十来位小男生小女生们乖巧地解题。陪同我的校长告诉我，这位大男生是八年级生，正在实习。实习？看他很沉稳、认真地在教室里当个小老师，努力做好这份工作。

我和校长在校园里穿梭着，转眼间就走进一间五年级教室，这回却遇到两位看来满有经验的大男生，在全班前面拿起一把大尺，在白板上画起计算刻度，既大方又很有自信地教起数学来。校长说这两个也是八年级生，就看他们一搭一唱，教得有模有样。

我不禁想起安东尼的国会实习，这些八年级生到底在"实习"什么？好端端的八年级生，初二耶，不在学校上课、K书，却出现在不同的职场上"工作"。这到底是什么制度，让芬兰各地的初中生要抽时间去职场实习？！实习期间课业怎么办？会不会"耽误"？

芬兰义务教育认为学生不论在学多久，都不能自外于现实世界，尤其是生活周遭的各种职业，都应该尽可能让学生实际体会、了解，所以义务教育里非常重要的一环就是"职场见习"（Work Practice）。

这门课程在各地的实行情形，或许会因学校或老师的规划而有些差异，

---

① ：芬兰国家核心课程纲要中，关于《教育与职业辅导》中的工作实习（摘录自：National Core Curriculum for Basic Education 2004）：

Introduction-to-working-life periods are to be organized for the pupils as a basis for their educational and occupational choices, and to enhance their respect for work, the pupil must be able to gain experience with working life and vocations in genuine work environments.

但整个教学模式和基本理念却是一样的，就是每位八年级的学生，都要前往和学校环境截然不同的工作职场，实习大约两周，到了九年级时，实习时间则缩短为一周。

学生们可以自己决定要去哪里实习，但必须自行去接洽和联络。如果实在无法找到任何适合实习的地方，老师则会从旁协助，建议一些实习单位，再请学生自行去联系。

实习的那两周，这些八年级生就像大人们日常上班一样，从周一至周五，整天都会待在工作的地方，既像上班，又像上学。学校老师不会去突袭抽检，一切交由雇主与学生们自行负责。学生最后要交一份见习报告，雇主当然也会写下这些半大不小的孩子们在工作上的状况与心得。

我有一位在赫尔辛基大学教书的芬兰朋友，她儿子劳里（Lauri）比我家女儿大一岁，今年正好八年级，所以一听朋友说家里八年级的大男生自己选择到一家建筑事务所去实习，让我颇为惊喜，因为我认识劳里快六年了，心目中那位腼腆又认真的孩子，竟然已经长大到可以去见识职场了！我和这位赫大的教授妈妈开了个玩笑说，我还以为劳里会选择到大学里去实习呢。

但朋友说："我儿子才不要到父母上班的地方去实习！他想要选择一个全新的、更具挑战性的领域，所以我们全家听到后都很开心。毕竟，建筑与建筑物维修等一直不是我们家族的强项和'传统'，这个领域，我们所知相当有限。"

我笑着说："那太好了！我看劳里大概没多久就会迫不及待地和你们分享见闻了。"

大女儿一听我说劳里现在正在建筑事务所里实习，眼睛为之一亮，大声说了个字："酷！"当然，她也知道，等自己升上八年级时，我们已经搬离芬兰，不然她一定也可以好好选个自己有兴趣的工作去实习。

除了八年级的第一次两周实习外，九年级时还有第二次的实习，学生们可以换成别的工作职场吗？当然可以，但他们同样必须自己再去探询、联系，找到另一份自己喜欢或愿意体验的新工作。

对于在基础教育中安排这份工作实习，我一直觉得很有意思，也和先生热烈讨论过好几回，我们最后回到一个可笑的结论：别傻了，这要是在中国台湾，又有多少人会乖乖去执行呢？

学校和老师或许会交下这个"作业"，但如果学生家里正好开公司或诊所，家长说不定会随手开个证明单、写个报告，然后要孩子们好好利用两周的"宝贵"时间，乖乖在家读书或是找家教、上补习班去补强数理英化吧！因为，升学才是最实在的未来，什么体会人生的工作实习，别闹了！

但在芬兰，教纲是怎么规定的，学校和师长就真的确实去做到，而最可爱的，就是学生"玩"得开心又有益。一举两得，皆大欢喜！

32 见识 Work Practice

这堂课不是读读三百六十行的介绍与数据，或是以纸笔测验就算了。芬兰这个一向务实面对人生的国家，连在基础教育里都会去鼓励孩子们去真实体验各行各业。

十一月的萧瑟寒风正吹拂着，我到了赫尔辛基市东边赫托岬（Hertoniemi）区的一座建筑事物所去看朋友的八年级孩子劳里，负责交代他实习工作的是建筑师凯亚（Katja）。这位寡言干练的女士，一边先告诉我事务所里基本的工作内容，与手边几个设计案，一边还说起自己的两个孩子还小，一个上小学，一个在幼儿园。聊了一阵之后，她感叹起来说，要是自己之前在八年级阶段也能有这样的工作实习机会，她一定会很珍惜、很开心。

这家建筑设计事务所专门做各类建筑物的整修维护，所以工作人员主要是建筑师和工程师们。事务所里面相当宽敞，大约有十来多人，每个员工的桌上和附近地面上，都摊着一张张的建筑图和东一沓西一沓的资料，大家各自忙得很。

凯亚带着我到了劳里的工作区，就看到十四岁的劳里正在用计算机绘制着一幅古典建筑图，因为那天是他两周实习的最后一天，所以有比较充裕的时间好好去设计自己想象中的建筑图。凯亚让我们自己聊。

"这两周你做了些什么事？"我微笑问他。

"我就是当个小助理，帮忙影印、装订数据、协助不同的案子找材料，或是在计算机上绘图。"劳里还不脱那腼腆的男生样，轻声但又很高兴地想把工作内容一股脑儿讲述给我听。

"这和你之前所想象的工作内容差不多吗？"我问。

"差不多。"他转头去动了一下鼠标。

"当时是你自己选择来这里工作的吗？为什么会选择来建筑事务所？"

"是我自己选择的，因为我对建筑和设计很好奇。"他讲得蛮笃定的。

"那你实习后，还是很喜欢这个行业吗？"这其实是我想问的核心问题之一。

"嗯，很喜欢，因为这是我自己想来的，而且和我想象的很相近。"他脸上开始多了些笑意……

"那你这两周回去有和家人分享实习见闻吗？"

"当然有啊！"他嘴角扬起微微地笑着。我心想，他一定回家去就迫不及待做第一手报道，全家大概都得洗耳恭听。"那你每天回家后，会和同学们聊聊每个人的工作状况吗？"这是一种同侪意识的"探索"，小男生们虽然不会像小女生们吱吱喳喳，但只要有话题，应该也会交换心得吧。

"有啊，大家下班后，马上就开始分享每天的工作点滴呢！"哈，真可爱，讲"下班"讲得真像大人！

"那每天来上六个小时的班，累不累？"我很好奇。

他摇了摇头说："不会呀。"我想起来刚才听凯亚说过，因为八年级生还小，所以工作实习是以不超过六小时为原则。

"那你这两周都不用去上学吗？"我一问，他马上用力点了头。

我接着问："那这两周学校还有任何功课吗？"

这时一向沉稳的劳里突然笑开了，非常努力地摇摇头说："没有，当然没有！"

孩子毕竟就是孩子，没有功课、不用上学，到自己有兴趣的地方去实习两个礼拜，很开心！

其实他们每天都在学校里上课，所以这门实习课给了学生们两周时间，换个不同跑道去尝试一下大人们上班工作的环境，而且还是自己有兴趣的职场。每个孩子都觉得新鲜有趣，而且跃跃欲试，毕竟这是全然不同于学校的新体验。

这时劳里隔壁一桌的年轻女建筑师主动凑过来，开心地和我们分享她过去在劳里这个年龄的实习经。她说自己八年级是到邮局去实习，九年级则跑去广告公司。不过她说，在邮局工作所参与的事物并不多元。当然这还是要看实习当时的工作环境，以及每个地方的工作人员分配给实习生的工作内容而定。

劳里的同学当中，有到麦当劳、幼儿园、照顾流浪狗、博物馆、餐厅的，有到不同公司的，随手数数就有不少行业。除了他们各自的实习经验之外，大家还通过不断地分享和交换心得，每个人的脑海里一下子增加很多真实生活里的职场经验。到了九年级，又会再增加十多个不同工作环境的经验，静下来想一想，这样的中学生工作"初体验"真是不赖！

芬兰教育体制把这门课订名为"教育与职业辅导"（Educational& Vocational Guidance），够直接、务实吧？而且不是只在课堂里拿着教材读读三百六十行的介绍与数据，或是放投影仪，或是以纸笔测验，外加填充和选择题就算了。芬兰这个一向务实面对人生的国家，连在基础教育里都会去鼓励孩子们去真实体验各行各业，而且八九年级都各有一次机会。

身为父母的我试着想，这对孩子们应该会是个可以开启心智的特殊机会，也是协助学生体验社会化的初始阶段。想来这已经不完全是狭隘的基础教育框架了，而是一种朝向"全人教育"、大胆却又务实至极的好主意！

第四章

开阔的生命视野，丰富孩子的人生

33 小学校的课堂

　　孩子们在美雅老师的引导下不断你来我往、相互抢答，很少出现抄写笔记的现象，而是共同读完一段章节之后，热烈地进行讨论与反刍式的自然复习。

　　赫尔辛基港外的芬兰湾，有一座名为芬兰堡（Suomenlinna）的联合国世界遗产，这座海上碉堡是芬兰经过瑞典和俄罗斯统治将近九百年的历史交融遗迹，如今却已成为赫尔辛基市民和观光客的景点地标。

　　芬兰堡距离赫尔辛基不远，岛上还有着上百位居民，及一部分海军军官学校的校区，终年有着络绎不绝的渡轮往返两地。在冬季长达半年的海面冰封期间，则靠着破冰船冲开航道。

　　这六年来，我陆续和家人、朋友们到过岛上不下数十回，踏访这座雄浑壮硕的堡寨遗迹，享受夏季亮丽清新的海上风光，但却一直没有机会真正去看看岛上唯一的幼儿园和小学。

　　我几乎没有在冬季时分渡海到芬兰堡去，因为光是想到要在凛冽刺骨的海风、零下气温的天候里坐船过海，就令人却步。这次在一月中旬的到访，气候不仅一如往日的寒冷彻骨，空旷岛屿上的海风风势之大，让走在岛上鹅卵石路的我，浑身颤抖不已。

　　当天，在赫尔辛基港边等船时的气候已经奇差无比，好不容易登上岛后，一时之间，我竟在白雪皑皑中迷了路，一个人在岛上教堂侧边的几座长型建筑之间来回走了几趟，却不得其门而入。

幸好遇上了邮政小巴士，赶忙请教问路，才恍然而知原来学校就"藏"在这些建筑物的后侧方，还得从左端穿越一座房舍才能到达。其实，芬兰的学校，除了部份拥有较新颖的建筑外，许多学校总似深藏不露，极少有着我们习惯的硕大"某公立小学"招牌。

对我而言，这所小学最独特之处，就是每间教室都有着令我称羡不已的景观窗格，窗外就是芬兰湾的海景。当时虽然一片白雪苍苍，海面上雾气笼罩、迷迷蒙蒙，但我却突然望见刹那间的天晴时刻，天际间的朵朵白云，让我情不自禁在心里勾划出夏季时分那令人向往的蔚蓝海洋。

岛上的唯一小学，蛮迷你的，全校大约60多位小朋友，只有三个班，分为一年级和五年级一班、二年级和六年级一班、三年级和四年级一班。其实这是标准的混龄式芬兰教学法，只是分组方式并不多见。因为多数人习以为常的混龄方式，是将年龄相近的编成一班，如一和二年级、三和四年级、五和六年级等。而这里则是将高年级和低年级的孩子安排在一起，让高年级的学生有当大哥哥和大姊姊的机会。

引导我的美雅（Meija）老师听我谈起曾拜访过芬兰各地，百般好奇地东问西问，正如大多数的芬兰人，总是急切地想要知道我对于各地学校的观感、想法：我看到的到底有何不同？各地各校之间有何差异？她们和一般人一样，想由外人的眼光来更了解自己，寻找到自己生活的各种滋味，与"补强"自信之道。

我和小三的孩子们一起上了堂芬兰语课。美雅老师四十初头，教学经验很丰富，看她上课实在是一种享受。我望着她写在黑板上的数学题，竟不自觉地出了神，因为我好像又看到女儿们在家里做数学题的模样，满是芬兰式的惯用文字写法与计算模式。虽说数学好像已经是一种国际共通语言，但是，还是有不少字母、数字与符号，有着写法上的差异。

像是，芬兰人所写的乘法就是一个小圆点"·"，这和我们惯用的"×"不同；他们习惯写的阿拉伯数字7也与我们很不一样，我们写的7，他们总是当成1。女儿们写了芬兰式的数字1，总是被老爸碎碎念说是7！两个小女生总是一脸无辜状。这种文化与文字符号间的差异，到处都见得到。真希望回到中国台湾的三年，她们不会因为这样的符号差异，而被不停地订正改错。

我看着美雅老师教这群小三学生的母语芬兰文课，孩子们在她的引导下不断你来我往、相互抢答，虽然不完全像美式教育中的活泼激昂，但却像极了小小"大学生"之间的交互式学习。孩子们很少出现抄写笔记的现象，而是共同读完一段章节之后，热烈地进行讨论与反刍式的自然复习。

孩子们不仅争相举手回答提问，还不停地互相讨论，很神气地说出自己的看法。一堂课很快结束，但这中间，有老师巧妙地引导问答，更有同学之间活泼的相互对答。

这样的课堂气氛，让我不禁回想自己过往的学习经验，总是一贯的老师在上面说，我们则在下面猛抄笔记。这几年来，也常听芬兰朋友不约而同地感叹，世代间的教育观念还真是不停地在改变。不少50岁左右的芬兰朋友就说，他们以往在学生时代只能乖巧羞涩地坐着听课，老师代表的是权威，而"沉默是金"被当成美德一般宣扬。这听起来，还真是让人有种恍如隔世的熟悉感！

34 和学生一起找答案

下课时，美雅发了两页字体不大的文章，作为学生的阅读讲义。孩子们没有一脸愁苦，反倒是兴高采烈地收进书包里。我看到的，是这群孩子和老师一起建构起对于知识的热爱与追求。

　　芬兰这几十年间的教育方式与教学风气已然不同，20世纪和21世纪之交的教育方式，不仅鼓励师生间的对话互动，老师不再被学生视作望而却步的权威，也不再只是单向的教学讲课（Lecture），而是希望能充分引导与启发学生。

　　当教育不再只是一个方向的灌输，而是多方互动的受益，老师就卸下必须样样都懂的面具，成为和学生一起共同分享学习的伙伴。

　　课后，我不禁和美雅说，她真是位教学经验丰富的老师。虽然芬兰老师一般基本素质都很不错，不过，就像一样米养百种人，每位老师的教学经验值与方法还是有差异。

　　美雅笑眯眯地谦和回答说，有时候，学生问了她不了解的问题，她就会和学生一起寻找答案。孩子们更会常常互相分享阅读心得，争相介绍好看的读本。我在班上看到的，是这群孩子和老师一起建构起对于知识的热爱与追求。而我也再一次看到，芬兰老师在教母语课时，不断借由介绍、启发、引导孩子们进行每一阶段的阅读，师生一起对作家、读本、文义与内容共同探讨。课堂结束时，美雅发了两页字体不大的文章，作为学生的阅读讲义。孩子们没有一脸又要做作业的愁苦，反倒是兴高采烈地收进书包里。

　　下了课后，我在教室里转了转，看到孩子们的课外读物，有许多英美翻译书和芬兰作家的读本，其中有英国儿童畅销作家贾桂林·威尔森（Jacqueline Wilson）的好几本书，和我们家女儿念过的英美书籍如出一辙。当然，他们也和许多芬兰学校的孩子一样，除了老师指定阅读的各类书册之外，抽屉里还都放着一两本属于自己珍藏的读物。

　　我和美雅愈聊愈起劲，但时间总是匆匆而逝，在学校里走了一圈，触目所及，各种教学设施、教具、工艺与音乐课程设备等，都是一应俱全。难怪我和芬兰朋友说，好像已经不需要再看更多的学校了，再看也不过是建筑物与学校大小的差异而已，最重要的实质硬软件内涵，每所学校都是相去不远啊！

离开学校前，匆促间美雅带我到她设计感十足的住所，为的是要拿这座岛上唯一一间图书馆的钥匙。她直说，这样的房子和住屋环境，在赫尔辛基市中心可能很少见得到。我就在室外再度刮起几周来罕见的大风雪中，和热心的美雅造访了岛上的迷你图书馆。

迷你图书馆的藏书并不多，但却是岛上居民一个重要的公共活动与信息集中点。岛屿距离赫尔辛基乘船不过15到20分钟，有心前往赫市市区里规模更为大型的图书馆，其实路程也不算太远，顶多再10来分钟。但一个不到千人居住的小岛也能拥有一个属于自己的迷你小空间，从落实知识教育平等的角度来看，显得倍加珍贵。

告别了亲切的美雅，我踏着满地积雪，在强风中急着赶回港边，想搭上返回赫尔辛基的整点船班。此时，小女儿正好打了电话来，说她正在等电车，脸蛋被大风雪打得刺痛不已，听她在电话中叽里呱啦的，必然是幻想妈咪会开车来个温馨接送。但我是爱莫能助，也想到有时孩子应该要有适当的锻炼。我不是毫无怜悯之心，却还是忍不住跟她说：“妹妹啊，我人还在岛上，铁定比你苦，脸被打得比你还痛呢。忍耐点吧！”

我们俩就这么互相吐着苦水，一起在冷到骨子里的风雪中等候着。

当我在岛上的石子路上顶着刺骨海风挣扎赶船的时候，我心里直想，住在这儿冬天一定冷翻了！但是我看到，在这种天候下，一群群孩子们依然每天照常走路上下课。还在等船班时，我遇见一位母亲带着两个小男孩去学我们所谓的“才艺”提琴课，这位音乐人妈妈帮忙背着厚实硬壳、全尺寸的大提琴。我佩服地问她，一周要和孩子搭几次船班来回岛上和赫尔辛基之间学各种“才艺”课呢？她微笑着说，两个孩子，一周起码四五天。嗯，当父母的，不容易啊！看来，我应该重新为岛上的生活做一番新的诠释了。

回来家，突然想起女儿们的乐团曾经到过这所学校表演过。我问了老大，她说："对啊，那个学校很小！"我笑了笑，心想，那你还没见过妈咪所访问过更迷你的学校呢，只有一个班！

35 小国的国际视野，从小开始

数学不再只是计算算式，而是变身为跨越学科的教育平台，让学生和老师一起借由生动活泼与实用的数学课，共同浸浴在"国际化"的复合式教学效果中。

记得刚来芬兰头一年参加了一场演讲午餐会，主持人当着全场近80位芬兰及外籍来宾的面就理所当然地说出自己国家小得很，听到瞬间，我格外震惊，甚至不习惯，因为愿意且这么习惯自称，或能有如此自知之明的国家和人们，真是不多见！

正是因为有自知之明，所以北欧国家习于和国际社会充分接轨，让一代代的子民在教育上不断提升，具备国际化最重要的外语能力，和外国史地的多元知识。

翻开芬兰小学三年级数学教科书，里头将各国国旗应用在分数和比例的演算上，题目中包括九个国家的国旗，这些国旗来自世界各地，不分国家大小与种族色彩。

另外，女儿五年级的数学课本里，还有一整页将台北101大楼和巴黎铁塔同时并列的算式题，而其他算式里也把马来西亚的双子星大楼和芬兰当地的一座高塔同时列入题目中。

芬兰整体教育政策想达成的"国际化"，与数学这一门学科借用国旗或其他国家的标地物作为命题的引导方式，让人不自禁思考为什么小学三年级的数学科目里要出现这些元素？编者希望传达的是什么？

　　我拿起一张白纸将有国旗的数学课本研究一番，记下其中值得一探之多样化、国际化元素，但随手一写，就多达两三张A4纸。光一本数学课本就编得如此精彩，令人喝彩！

　　精彩的不是数学题目出得多深奥，而是它带领我从数学科进入了活泼、有趣的跨科目学习天地。这种跨学科的知识交错贯穿，让数学不再只是数学，让历史不是只出现在历史课，让地理常识能与生活串连；使原本一个点状的学科教学，或是单纯的一门学门，连成一个"面"，然后借着不同科目所交织而成的多面向，使学生有形无形的知识更加广博、多元与实用。

　　于是，数学不再只是计算算式或熟记公式，而是变身为跨越学科的教育平台，让学生和老师一起借由生动活泼与实用的数学课，共同浸浴在"国际化"的复合式教学效果中。

　　再举几个例子：数学课本中以芬兰及其邻近北欧国家首都的气温图表来做题目，有一页则是提到同一班机的邻国游客，与剩下不同国籍乘客的比例分数要如何计算。

　　另外还把世界各大洲最长的河川一起列入算式与图表中，包括南美洲的亚马孙河、欧洲东部的伏尔加河（Volga）、亚洲的长江、北美洲的密西西比河和澳洲的莫瑞河（Murray）。

　　其他像世界最高峰珠穆朗玛峰、欧洲最高峰白朗峰、非洲最高峰乞力马扎罗、北美洲最高峰麦金利峰和世界最高的火山阿空加瓜山等等，也分别出现在不同的题型中。

　　除此之外，应用题里的文字还描述了德国卡尔·奔驰（Karl Benz）制造的世界第一部汽油引擎汽车、美国亨利·福特（Henry Ford）大量制造汽车、德国欧宝（OPEL）汽车首创时速70公里的记录等等。而世界航空史的知识，从法国的侯爵及科学家好友们的热气球，到美国莱特兄弟（Wrights）、林德伯格（Charles Lindbergh）驾机从纽约横渡大西洋到巴黎的飞行壮举，也都出现在其中。

相信编者的立意与用心，并不是要让孩子去硬记、死背那些河川有多长、高山有多高，而是把它们当成辅助信息，让一门课可以用最生活化的方式来教学相长。同时让孩子知道，一门学科可以如何实际应用于生活、旅游及工作之中。这些知识元素不断在不同学科、章节里出现，也会在不同年级重新以不一样的面貌呈现，扎根于下一代学童的脑海之中，让他们的心思与知识基础，更为广博。

于是，大家对日常天气的关注，不再只有本土芬兰，还会有邻国和欧洲的国家，而借由计算一座高塔的高度，不只看见本土，还看到花都巴黎与中国台湾的最高楼。这样的视野必然会更宽广、更实在！

或许，一个平平实实知道自己是"小国"，以及真真实实体会到国家与人民前途必须与世界接轨、"国际化"必须比"大国"做得更加扎实的国家，才会如此用心地将基础打得更雄厚，并在无形之中一步一步强化自己的竞争力吧！我总是在芬兰各个教育层面中，遇见了这样的心思和远见。

难怪，"小国"的视野真的必须要从"小"开始……

36 本土化可以这般精彩

一本数学教科书中的练习题，不是以A桥、B桥或C桥，或是邮局、学校、超商、公园等这种笼统的称谓来出题，而是真实呈现芬兰本土实际地理知识，既生活化，又本土化。

芬兰小学数学课本里的国际化元素，让孩子的国际视野能够从小扎根，那一本课本中的本土化元素，又是如何巧妙地与国际化元素并行不悖，却又各司其职地运用在其中？

以"千位数"的学习单元来看，除了一般传统的直接用数字来练习计算外，其中有一页是以芬兰最长的火车隧道为题目，其中分别列出7个隧道名称及每个隧道的实际公里数，从Kangasniemi、Lahdenvuori到Pänttövuori，随后还设计了五道应用题。

课本再往下翻，有张芬兰地图，图上标出约30多个大小城市，左侧则有一个图表，列出从10个城市分别到另外3个城镇的公里数，紧接着就出现7道应用题。

另一页，则巧妙运用芬兰在千禧年出生的男女婴儿名字作为计算基础，如当年取名为玛丽亚（Maria）的有2868位、尤哈尼（Juhani）的有1942位等，进而衍生题目变化。而千位数的运算，也以多个芬兰国内城市的建立年代做题目，让孩童同时认识芬兰最古老与近代年轻城镇。

在算式的演练中，同时穿插了不同地方的历史年代与地理名词，让我同时加深对这些城市的基本认识，除了知道芬兰最古老的三个城镇土库（Turku）、波尔沃和赫尔辛基分别建立于公元1229、1346、1550年外，也了解手机大厂诺基亚（Nokia）发迹的诺基亚小镇建于1977年，原来不过30年的历史。

而"度量衡"的单元，就有一页列出芬兰8座桥梁的正确长度（米和厘米数），让学生学习运用图表演算。而先前曾提到的世界各大河川的演算，同一页的"动动脑"单元，则请学生解谜，找出芬兰8条河川的名称，我也因而认识了芬兰最长的河流凯米（Kemi）河。

如果想知道凯米河有多长，则可以自行加减计算，因为它比亚玛孙河短了5885公里。

同一篇章节的左页提到欧洲最长的河流伏尔加河，在算完凯米河的长度后，下一题就是请学生算出欧洲第二大河多瑙河（Danube）的长度，而它的长度比伏尔加河短835公里。

在众多的本土元素中，还有好几个篇幅加上简洁的短文，其中有一篇以芬兰的国家动物"熊"为主题。编者费心地将熊的出生、作息、出没、冬眠、重量、脚印与牙齿的形成与变化等知识，以四五段文字叙述，宛如带我走进数学以外的自然阅读世界，最后则有五道应用题。另一个阅读主题与相关演算，则融入芬兰火车发展的历史与高速铁路的信息。

一本数学教科书中的练习题，不是以A桥、B桥或C桥，或是邮局、学校、超商、公园等这种笼统的称谓来出题，而是真实呈现芬兰本土实际地理知识，从城市、火车到高铁，从河川、桥梁到隧道，从动物作息到千禧年男女生姓名等，而这些都是真真实实、贴近每个人生活的事物。

虽然这一科是叫"数学"，但其中整合的元素已经大幅度跨越本学科的知识，让教学方向符合芬兰国家教育委员会设计基础教育核心课程的宗旨——"全人的发展"（Growth as a Person），以及提升文化识别与国际化（Cultural Identity and Internationalism）。①

其中文化识别除了芬兰本土内涵外，还鼓励学生将眼光放诸于欧洲大陆，这个原则也奠下了编者对于教科书方向与内容呈现"海纳百川"的气势与深度。

---

①：芬兰国家核心课程纲要中，关于《学习目标与教育核心内容》（摘录自：National Core Curriculum for Basic Education 2004, Learning objectives and core contents of education）：

* Integration and cross-curricular themes：Instruction may be separate into subjects or integrated. The objective of integrating instruction is to guide pupils in examining phenomena from the perspectives of different fields of knowledge, thereby elaborating themes and emphasizing general education goal.

* Cultural identity and internationalism：The goal of the cross-curricular theme "Cultural identity and Internationalism" is to help the pupil to understand the essence of the Finnish and European cultural identities, discover his or her own cultural identity, and develop capabilities for cross-cultural action and internationalism.

本土化与国际化如同承载高速列车稳定前进的双轨，看似平行，却能相互支持、合一运用，如同所有的知识一般，相互贯穿、旁征博引。因着本土化与国际化所带来对本国与周边邻国的了解，加上其他领域知识的贯穿融合，丰富了原本单一学科的内容，使它多元、有趣、精彩！在这里，我也一起学习到了，原来，本土化可以如此自然地学习与认识，就和先前的国际化一样。

芬兰教育强调的跨学科知识学习，不是只有数学课本中如此，而这些元素其实不须特别强记或硬背。或许我打个比方说，这些元素就如同公园或公共场所里的一座雕像或是一座喷泉，因为与一般人太过接近，所以容易被忽略。但通过课本中的呈现方式，久而久之，就能深入每个学生心中。

在芬兰的教育价值中，"全人的发展"就是希望提供学生足够的本科目、跨学科知识与演练，让未来成长与生活中可能遇到的事物，都尽可能在学校课堂中先涵盖到。

方向与框架，决定了实质的内容与成果。如果基础教育的宗旨是广博与多元，那教育或许从一开始就可以提供学生一座丰富的"林"，而不只是一棵棵分别独立又不太关联的"树"。

37 不说学才艺，是去找兴趣

有太多的欧美家庭让孩子们从小就徜徉于各式音乐、艺术运动之中。但是，这些我们视为额外加诸于孩子身上的"才艺"，他们却称之为Hobby，也就是"兴趣"！

大女儿四岁时，我们正好搬回中国台湾三年，那段期间女儿开始接触音乐和律动，学了钢琴，也进入弦乐器的世界。有朋友劈头问说，怎么你们都逃不过"学才艺"的迷思？

我笑笑，心底并不认同这一顶"学才艺"的帽子，因为我从来都不认为音乐是需要特别看待的才艺。音乐、艺术、运动、阅读等，应该如饮水、呼吸一般，如此自然，人人皆可享受。我认为，这些被冠上"才艺"的各类活动，事实上涵盖了人生各个基本层面，而且每个孩子与家庭可以自行按照兴趣、费用、时间等不同考虑点，去学着玩、学着喜欢。只要学习的初衷正确，让孩子们从年幼期间广泛接触，将会为他们寻觅到合适的兴趣。这些"才艺"，是孩子"五育均衡"不可或缺的基础，是生活教育的一环，也是孩子终身赖以怡然自得的养分。这是在为孩子播下平衡人生的种子，而非大家口中赶流行的"学才艺"。

在中国台湾的三年，曾听过有位先生对妻子说："孩子学那些都没有用！学计算机、英文、数学这种有用的钱，我出；那些没有用的，你自己去想办法！"

也经常听到人们叹气说："现在的孩子真可怜，要学这么多东西……"

在各种质疑、不解话语之中，我还是让两个女儿一一接触了不同的"才艺"活动，因为我相信这对她们人生的启蒙都有绝对的帮助。她们悠然其中的喜乐，反而成为我最大的安慰与鼓励。

结束三年在中国台湾的日子，我们搬迁来到芬兰。这些年来，从国际学校到芬兰学校，我发现一个"真相"，就是孩子们课余、假日去玩"才艺"，绝不是中国台湾孩子的专利。

有太多的欧美家庭让孩子们从小就徜徉于各式音乐、艺术、舞蹈、运动之中。但是，这些我们视为额外加诸于孩子身上的"才艺"，他们却称之为Hobby，也就是"兴趣"！

于是，在芬兰，会看到婴儿在零岁时期就跟着父母去上音乐班；三四岁时已摸过多种不同乐器，开始了音乐的启蒙；五六岁后，很有自信地对父母说，我要学吉他……

于是，你看到芬兰的孩子，不只上绘画课，还去学建筑、做模型；于是，你看到芬兰的男孩，三岁不到就兴致勃勃地去打冰上曲棍球；于是，你看到芬兰的女生，小小年纪就滑雪装备齐全，在雪地中玩着越野滑雪、下坡滑雪、滑雪板……

于是，你会问着芬兰的父母说，孩子有哪些"兴趣"？他们喜欢上哪些"兴趣"课？"兴趣"二字，不仅少了"为学而学"的压力，也少了"才艺"背后那种相较高低的竞争心态。

兴趣，人人皆可有，有多种选择，没有谁强、谁弱，谁行、谁差，擅长者最后可以将兴趣发展为专业，业余但乐此不疲者，也学会终身玩赏，并借此陶冶性情。

任何有机会长期接触不同兴趣课的孩子们，会自然体会到，所有事物非一蹴而就，无论艺术、音乐、运动、舞蹈等的养成，需要的是时间与耐心，只有一点一滴，才能真正累积实力，没有三年五载的长期浇灌，难以成型。

所以，它们比起智力学业养成所需要的精神力气，丝毫不逊色。孩子们借着学习这些"智育"之外的不同领域，了解到人生长路其实可以更宽阔、更有趣。

在孩子们小的时候，就给予不同方面的启发，这样的"兴趣"学习与启蒙模式，从冰岛、瑞典到芬兰等北欧国家都大同小异，也一代接一代地付诸实现。

让孩子们学习人生的不同领域，到底要从"兴趣"还是"才艺"的角度来看呢？我想，真正的差别，或许就在于为什么要引导孩子们接触学习"才艺"，如何做才不会给孩子过多的压力。父母的态度与期许、社会对"才艺"的看法、孩子是否打从心底喜欢学等，将会是影响孩子们学习这些课程的关键点。

38 芬兰孩子的兴趣真不少

环境，使人的成长有所不同。芬兰学校的上课时间不长，下课后孩子们不用赶着补英文、补数学、上各种智力的课辅，反倒为自己的人生学了各种各样好玩的兴趣课。

芬兰的孩子，在课余之暇，玩很多东西，兴趣课相当广泛。距离首都赫尔辛基60公里外的罗亚市（Lohja）教育官员雷柏（Juha Lemberg）曾对我说："我们希望孩子对各种事物都有热忱，希望孩子至少下课后会有一项兴趣，因为那是对自己生命与人生的启发。"

拥有四个孩子，依旧年轻动人的冰岛大使夫人古德伦（Gudrún Sólonsdóttir）告诉我，冰岛的孩子小时候就接触许多兴趣课！我问，学习那些事物的目的是什么呢？她说就是好玩，同时也希望孩子找出适合自己、一生都喜爱的活动。

以运动来说，芬兰的国家运动是冰上曲棍球，大多数孩子，不分男女，从三四岁起就开始穿上溜冰鞋，拿着冰球棒在溜冰场上飞驰玩乐。大女儿大提琴老师的12岁儿子，除了是大提琴好手外，更是校外曲棍球队的一员。

以音乐来说，芬兰的女孩子们，除了我们所熟悉的钢琴或小提琴之外，还有更多专精于打爵士鼓、吹小号喇叭、弹电吉他等。

我曾经在音乐院等女儿们下课时，遇见一位留职停薪、带着娃娃来上零岁音乐律动班的国际关系学者；也碰过一位瑞典经济学院教授，在等学习小喇叭的女儿下课。

或许，有人会好奇地问，是不是因为这里是首都赫尔辛基的关系？其实，在我走访芬兰各地的过程中，就发现各地的孩子都一样在找寻自己的生活兴趣。就这点，芬兰城乡差距并不大，家长的心态也都相同。再偏远的小镇，一样有音乐、艺术与运动等的种子，播种在下一代幼苗的心田里。

当我们感慨孩子很可怜，要学这么多东西，是因为学习的初衷与立意，被升学压力与"有没有用"的心情给扭曲了，更因为过度赶场，而使孩子没有足够的空间与时间来体验、咀嚼。

如果学习音乐，是为能弹奏出乐曲的音乐感，是为了找寻自己与音符之间的心境接连，而不是为了赶进度、一较高下、炫耀技法巧手，那孩子心中那份与音乐的关系就会自然被启发，也更能找到适合弹奏的乐器、曲目，并学会去欣赏。不仅欣赏别人，也欣赏自己。

让孩子学到终身都能乐在其中的知识与"兴趣"，一直是芬兰在各种教育上所坚持的精神。各学科的老师们也以这样的思维来教导与引领学生。

搬来芬兰的前四年半里，两个孩子陆续上过长时间的游泳、网球、花式溜冰等运动课程，一直到第五年，因为课程与其他活动时间表有所冲突，才决定暂停、调整作息大半年。

结果，大女儿不只一次抱怨说："妈咪，我没有额外时间去运动是不行的！"

"妈咪，我的同学都觉得很不可思议，我怎么会停下来不运动了！""妈咪，我除了要会音乐外，也想多运动，我暑假可以去学驾风帆船吗？"

环境，使人的成长有所不同。芬兰学校的上课时间不长，下课后孩子们不用赶着补英文、补数学、上各种智力的课辅，反倒为自己的人生学了各种各样好玩的兴趣课。

有时，我不免半开玩笑地跟芬兰人说，你们孩子的"兴趣"真不少啊！

其实我心里也曾问过，他们真的学太多了吗？芬兰人都知道，冬天这么长、这么冷、这么黑，不培养一生都乐此不疲的兴趣，要如何度过漫漫冬季长日？在此度过六年的我，的确心有戚戚焉。

或许，人生再多的学习都不为过，只要学习初衷与立意是正确的，那打鼓、游泳、跳水、滑雪、高尔夫球、网球、足球、跳舞、弹琴、划船、骑马……样样都好。

但如果学习只是为了较劲、为了竞赛，那再美好的人文与兴趣，都将会变调与变质。

"才艺"兴趣化，"兴趣"生活化，是北欧各国对待这些课程的态度，因为这关系着下一代能不能健康、平衡地学习与成长。

39 公民责任，高于自身享乐

两个女儿除了不对帕丽斯"见贤思齐"之外，还能想到她应该要把拥有的财富，使用在慈善、环保、动物保护……我对她们在芬兰教育体制里面所受到的启发，感到既欣慰又好奇。

一个北国初春的下午，窗外白桦树上的枝叶才刚冒出青翠的枝芽，从学校回到家里的两个女儿，正你一言我一语地高谈阔论着。

"你知道那个帕丽斯·希尔顿（Paris Hilton）最近会和男朋友的乐团一起来芬兰吗？"

"是啊，不过她的风评不好。"

"对啊！"

这时大女儿冒出一句话："唉，如果我是她，一定会去做很多慈善工作。"这话让我倏然惊醒，但小女儿的答腔，却让我惊上加喜。

她说："对啊，她可以去世界自然基金会（WWF，World Wide Fund for Nature），还有可以去联合国儿童基金会（UNICEF，United Nations Children's Fund）……"这对姊妹就一起数着，还有哪些与动物保育、环境维护、全球暖化等有关的基金会，或是世界上有很多贫困的人需要帮助。

　　她俩说得起劲，我则在一旁听得啧啧称奇，心想，你们这两位10岁、12岁半大不小女生，听过且如数家珍的国际慈善与保护组织、机构，还真不少！

　　身为母亲，其实我心里最惊叹、称奇的，还是她们对于帕丽斯·希尔顿这一位经常登上国际八卦媒体版面的国际名媛，以及她傲人的财富，完全不会产生称羡不已的心理，既没有说出"如果我这么有钱，就不需要努力工作了"，或者"我要是有个有钱的老爸，就可以开心地到处去吃喝玩乐……"这些话。

　　除了她们不对帕丽斯"见贤思齐"之外，还能想到她应该要把拥有的财富，使用在慈善、环保、动物保护……我对她们这几年来，在芬兰教育体制里面所受到的启发，以及思想上的开拓、全球公民责任的认知等，感到既欣慰又好奇。

　　在芬兰有一门课，是小一到高三，12年来都必修的，这门课虽然有点类似中国台湾通称的《公民与道德》，但在芬兰称之为《宗教或伦理》（Religion/Ethics），学生们可以从中任选其一。如果学生有特定宗教信仰，可选择宗教课，像是芬兰最主要的宗教信仰基督教路德教派，或是天主教，甚至是信仰人数更少的东正教派，学校都会有相关宗教课可选择。若是学生没有固定宗教，或是学生所认归之宗教，学校无法提供相关课程的，就选择上伦理课。[1]

---

[1]：芬兰国家核心课程纲要中，有关《宗教或伦理》（Religion/Ethics）的说明（摘录自：National Core Curriculum for Basic Education 2004，Religion&Ethics）

宗教（Religion）: "...The task of instruction in religions is to offer the pupils knowledge, skills, and experiences, from which they obtain materials for building an identity and a world-view? The objective of instruction is a general education in religion and philosophy of life."

伦理（Ethics）: "...nstruction in ethics supports society requires an ability to think and act ethically, broad related knowledge and skills, in ethics is guided by a sense of the pupils' opportunities to grow into free, equal, and critical creator of a good life..."

不过，这些课程绝不只有狭义的介绍某种宗教、法条、教义，也不会要学生去背诵经书上的典故、圣迹，然后用考试来评定学习成果。无论是宗教或伦理课，学生们在老师的引导和鼓励之下，经常会有各种讨论与思辨，所以课程里并不是诵读"国民生活须知"第几条、第几项应该如何遵守，或只是要求学生要有礼貌、见到师长要敬礼等教条与形式上的教学。

老师们在课程中，除了让学生对于自身所属的宗教有所认识外，更会扩展到其他宗教、整体社会、国际情势、环境等相关议题。让学生广泛了解自身所处社会，与全球大环境的多元与复杂，进而学会尊重不同个人、异族文化及宗教。

女儿常常回家就七嘴八舌地缠着我嘀嘀咕咕，说着在课堂上，今天老师又如何地要孩子们探索不同宗教的意义，以及宗教和人生的关联，上一次又怎样谈到要如何找到生命的价值？为什么人权、正邪、善恶是人生必须面对的重要课题？怎样学会尊重每个人的想法与观点？如何看待、了解人的生老病死等自然历程……

大女儿说，好几回在课堂中，老师和大家一起探讨着，有钱就一定会使人快乐吗？富裕是唯一的成功标准吗？你认为人生的价值是什么？其意义又是什么？

老师让同学各自发表想法，互相讨论，借由讨论再去思索讲义与课本中的一些文字。

我心想，这些孩子们的课程，听来已有大学生的《哲学概论》程度了。一个年级接着一个年级，老师不断借由宗教与人生、文化的差异与尊重、人与社会的伦理关系、人与社会责任的关系、环境保护等课题，和学生一起进行着看似严肃，却非常实际的讨论，而且自然而然让学生了解到，人不能完全只顾自己，人与群体之间是有着伦常、群己的关系，人也必须相互尊重，才能维持多元社会与宗教、文化的和谐关系。

两个女儿，一个选择上宗教课，一个选择上伦理道德课，我从不用担心她们所受的教育启发会不一致，更不会忧愁如果学的内容大为不同该怎么办。

看着女儿们谈着人生中还有什么会比金钱更为重要的，家庭与生活，要如何平衡？如何认识自己的性格、星座、人格特质？如何了解好与正确的差异？什么才是公平的交易？什么是人权？我真心感谢，她们不是借着背诵、考试而学会的！

40 品格，来自价值观

当我听着女儿们谈起，学校老师如何把关心贫苦、了解人权等课题，在课程中不断讨论、解析时，我心里不禁感叹，这样的课程对于她们的"品格"成长，已经做出了无以伦比的贡献。

"品格"是芬兰教育中的一门课程吗？

我想并不是。品格是人成长历程的副产品。人如果被放在群己关系、社会责任、全球公民的大格局、大架构之内，学会尊重不同个人、文化、宗教，那人的"品格"与正、邪之分际，就会透过各项课堂的研讨、论辩和日常生活实行，自然而然地深植在心中。

那么，"品格"可以被列为一门学科吗？需要特别被标举出来"浇灌"给学生，甚至可能演变成为考试项目吗？

品格的养成，不是靠考试就能塑造的，也不是一两年间可以速成的，而是要年复一年地以正确的课纲，透过有着良好社会价值观的老师们适当引导，让学生充分参与、互动，长时间逐渐启发出来。

在芬兰，这些长期鼓励学生建立正确人生概念的课程，一路从小一到高三都长期进行着，而高中的哲学（Philosophy）[①]与心理学（Psychology）[②]这两门课的目的，就在于更有系统地把过往义务教育学到的生命价值探讨与思考，以及对于自我的认识、对于不同文化的包容等，进一步提升，落实到更有学术架构的哲学与社会正义层面。

这些课程是否要列入纸笔式的考核里，则交由校方与老师们来共同决定。每个年级、班级与学校的情况，虽然不尽相同，却在几年之间逐渐达到共同期盼的学习与成长效果。唯一相同之点，就是课程的范畴与内容进度，符合芬兰国家核心课程纲要的精神。

品格教育，应该要从人与社会的相互关系与人生价值观来谈，因为塑造、影响孩子的品格，绝对同时来自于家庭、学校与社会。而一个社会的问题与现象，多多少少会直接反应到学校，反应在学生的日常学习与生活里。社会上对于人生事物的价值观与评断方式，最后也必然会影响众多孩子与多数家长们。

一直以来，芬兰整体教育的理念与体制，都不是以"争第一、赢在

---

①：芬兰国家核心课程纲要中，有关哲学（Philosophy）的说明（摘录自：National Core Curriculum for Upper Secondary Schools 2003，Philosophy）

哲学（Philosophy）：...Philosophy instructions will promote development of creative and independent thinking. Philosophy will provide students with plenty of scope to form their own personal views. As they delve deeper into basic philosophical questions—to which there are no simple solutions they will learn to formulate and justify their own views and，at the same time，to respect other reasoned views? ...Studies in philosophy will support students'growth into active，responsible and tolerant citizens.

②：芬兰国家核心课程纲要中，有关心理学（Psychology）的说明（摘录自：National Core Curriculum for Upper Secondary Schools 2003，Psychology）

心理学（Psychology）："... : Instruction will create conditions for students to understand psychological knowledge and apply it personally. It will help students to gain insight to the connections between psychological knowledge and social，cultural and current issues and to understand interaction and interdependence between psychological，biological and social factors..."

起跑点"为主体，而是将孩子们都尽力引导、有教无类，并且真正把国家资源浇灌给学习落后和成绩相对跟不上的孩子，对他们不吝于给予关怀、互助。

我愈来愈体会到，当孩子们时时看在眼里的，是整个国家机器如何运用资源，积极协助学习比自己落后的同学，那孩子们或许就比较不会自比"优秀"、蔑视弱者、恃宠而骄，因而学会对整体社会要更有责任感、同情心。

当那一颗小小的"恻隐之心、关怀之情"的种子，长期潜移默化，慢慢在学生心中生根、发芽后，那教育所期盼的"品格"就会是必然的成果。

芬兰天然气候与地理环境比较严苛，但却一向自豪于自己生产的农产品，虽然这些产品价格比起众多进口品要贵，不论是鲑鱼、小黄瓜或是草莓等，但它们却能在芬兰市场上生存。为什么？

最初我以为是芬兰人单纯的爱国心，但后来愈来愈多青壮年的芬兰朋友们耿直又腼腆地说："因为我们可以确定国内的农产品没有污染、不是以压榨劳力、破坏环境、不法盗取等方式来制造。所以我们愿意付出较高的价格来购买，因为这是对于芬兰辛勤但走正途农友们的最好支持！"

其实，当时我曾想过，他们还真"傻"到宁可多付钱呢！但后来静下来仔细再想，这似乎是傻之成理，因为这长期自然养成的"品格"，就在这样的尊敬"正途"之下，被彰显无遗了！

当我听着女儿们谈起，学校老师与同学如何把全球暖化、气候变迁、关心贫苦、尊重他人、了解人权等课题，在宗教、伦理或其他课程中不断讨论、分析，进而化成孩子们信手捻来的思维、信念，并且能拥有独立自主的判断与评语之时，我心里不禁感叹，这样的课程与教学方式，对于她们的"品格"成长，已经做出了无以伦比的贡献。

芬兰在品格教育上带给我最大的启发，是让我更能理解到她的先进思维与尊重多元。他们一向将孩子视为具有独立人格的"个人"，而不只是个孩子。既然是个独立的人，所以老师对孩子、同学与同学之间，都要学会互相尊重；借由宗教或伦理课、哲学与心理学等课程，去长期启发、形塑独立个人的"群体关系"思维，这样整个社会才会有良性的循环。

我想孩子们都很聪明，父母怎么做、老师怎么教、社会怎么评断，都是她们耳濡目染的环境。有时女儿们还教了我不少新东西，毕竟社会环境不断变迁，身为父母的我们，也必须与孩子们一起成长，才能共同激创出不同的火花来。像是每当孩子说，这些人为什么会如此做时，我常会反问她们："为什么不能？"这是为了不让孩子陷入单一或狭隘的道德或思想框架中，然后与孩子一起去探索，如果人与社会都不如此行为时将会如何？！

通过她们，我会思索；通过我们，她们更会深思。父母提供孩子一个借镜，学校提供孩子一扇窗，人生的"品格"就在窗里窗外之间，自然而然地养成了永久的价值观。

41 考试，是要让大家都能进步

在芬兰，师长大概很少会直接怪罪学生考不好。对于总是考不好的孩子，学校和老师都会特别关心、即刻辅导。只要一有不懂的情形，老师就让孩子有第二、第三次机会，补救到建立起自信心。

学期开学四个月之后，七年级的大女儿有一天回到家来就说："妈咪，这次数学考得有点难，我觉得自己考得不够好。"我听听，不以为意；但其实这是她上初中以来，第一次在考试之后显示出不满意。

但几天后，女儿放学回家很开心地说："妈咪，老师说要再给全班同学一次机会，让我们再考一次。"我有点惊喜地说："喔，那很好啊。"

一周后，大女儿满脸笑嘻嘻地回到家，脸上因为喜悦而红嘟嘟的，迫不及待地说："妈咪，你知道吗？我这次数学考试就拿了满分，10分。我从9.5分进步到10分了。"我看了一下她的考卷，看来这次考题难了些，所以老师多少给了大家一些鼓励的基本分数，不过老师确实大方地给了她10分的评价！

女儿没等我开口，继续开心地说："你知道吗？我们班的某某同学，进步好多，本来7分，这次考到9分；还有谁谁谁，又进步了，还说总算搞懂了……"我看着她，觉得很奇妙。她丝毫没有因为自己第一次就考得比别人好而沾沾自喜，反而为了同学们在第二次考试都有进步而开心不已。

她笑得非常高兴，把谁谁谁这次考得不错的事讲了又讲，然后说："我觉得，我们老师真是太棒了！老师给了大家多一次的机会！只要给了别人机会，就会帮助别人重新再往前走。你看，现在大家真的懂了，也都进步了，真好！"

我静静望着她，心里的喜悦应该不下于她吧！

先生回来后，她又抓着爸爸再一次兴高采烈描述考试的事情，和她心里的快乐。我真的很惊喜她会这般开心，更让我惊讶的是，这样教育下的孩子怎会对于其他同学的进步也能如此开怀不已呢？

不过，整件事情对我来说，应该是一种"欣慰"，因为在这里，不会有父母跑到学校对老师抱怨说："我女儿本来就考得很好，怎么能让全班重考呢？因为这样其他同学的成绩会变好，对我女儿不公平！"

我也庆幸女儿虽然在第一回拿到9.5分（满分是10分），但她压根没想到要去跟老师抗议说，我分数够好了，比多数同学都高分，所以不能再考第二次了，这样对我不公平！别人考不好是他们不用功，再考一次，就是不公平！不公平！

想想，会让全班再考第二次，才去评估孩子并去计算成绩的教育环境，真的让人觉得有点"诡异"，这和我们一直以来的"分数定江山"习性，有很不一样的思维。

基础教育期间，到底考试与评比的意义何在？是以考倒学生为乐，还是测验出学生的基本能力，好力求改善？是要让孩子们去一较高下、考出高低、创造假想敌，还是想要了解老师教过的内容孩子是否真的都吸收了呢？

而考完之后，会不会有任何建设性的辅导呢？或者只是一步步将一些懵懂的孩子推往学习边陲之路呢？学生考不好时，老师是否会想帮助学生进一步学懂呢？老师是否会检讨自己教得够不够好、进度是否太快？老师与学校又该如何往良善的层面上去精进呢？

在芬兰，师长大概很少会直接怪罪学生考不好，而对于总是考不好的孩子，学校和老师都会特别关心、即刻辅导。只要一有不懂的情形，老师就让孩子有第二、第三次机会，补救到建立起自信心。只有教育体制和师长们很少去数落孩子，也不会在课堂上当场给他们难堪，才是一种真心的启发与教诲。

一位有两个孩子的"六年级"台北人写信给我，提到自己初中念的是台北市顶顶有名且升学率一等一的公立初中。有一回数学老师要他到讲台上去解题，他一时之间没有做出来，老师竟以藐视的口吻当着全班面前数落他。从此，他对数学就信心全失、兴趣缺乏，数学成绩自此一落千丈。

这位已过而立之年的爸爸，回想起初、高中时，每一科成绩其实都不错，就是数学奇差无比。但他一位高中最要好的同学，联考成绩虽然每科都输他，就数学赢了他数十分。这么一差，同学上了全台最高学府的最知名系所。

他说，在那一所知名初中里面，著名升学班所谓的"好老师"，正是那种会对全班同学严格体罚的。他说，当时虽然年纪小，却很不以为然，甚至于心里深处早已有了一颗"正义感"的种子，很想为正义挺身而出。

直到有一回，他晚了三分钟进入教室，就和另外一位同学一起吃了老师的教鞭，屁股被打得红肿。他很生气，气到连隔天都不去上学，而且接连几天都不太想再去学校。家里觉得这样下去不行，于是让他转学。这位爸爸说，要是现在在路上看到那位老师，一定当成不认识！

我说，你这位六年七班的，也经历过这么惨烈的初中生涯啊？他笑笑，很无奈。

前一阵子，有一位念到最高学府的朋友到我的博客留言说，她认为中国台湾的数学真是教得好，很扎实。但另一位朋友看到后就跟我说："Come on，她会这样觉得，是因为老师教数学时就只想到她们这些少数优秀的人。教学的内容和方式，根本没有考虑到大多数的孩子！"

这样的对话有多少意义，本就是见仁见智。但一向是文科强过理科的朋友，会有这样的情绪反弹，不也正是对过往求学过程中，那种诸多不平之处的怨愤吗？教育办到最后，到底是要让多数人正常成长和终身持续学习，还是只重视过程中的分数与竞争，从而摧折了多数孩子那一丝自我学习与自信心的心灵幼苗呢？

42 评比，让未来更好

考试或评量，都是为了让学校、学生有求进步的机会，有更稳健的客观参考基础。如此一来，大家才能做建设性的改善，而最需要循循善诱的学生，也会因此有了和师长一起往上提升的机会。

一位跟着家人迁居到芬兰来的亚裔中学生，在来了一两年之后，有一天跟母亲说起，虽然自己是转学生，芬兰语也必须从头学起，但这里的老师却愿意依照每个人不同的学习状况，给予特别的关心和指导，让他十分感念，所以他对芬兰这儿的老师，非常敬重！

这位妈妈有感而发地说，儿子以前就读的亚洲学校，那里的老师会藐视或数落孩子，那里的家长还得争相送礼讨好老师。老师也会把学生分为"有钱"、"聪明"、"一般"、"放羊"四大类，只有"聪明"学生和"有钱"的学生，才会被老师照顾到。但当他们来到北欧之后，孩子想上高中，学校老师会说，好，我们一起来努力；有同学想去念职校，老师会说，相当好，先从实务面学习，以后也是殊途同归，我们也一起来努力。

这位孩子的母亲说："我听得真感动，我好想颁一个大奖牌给老师！"

我常常听到一些亚洲国家的孩子在教育过程中受挫的故事，每一个都足以反映出社会与教育环境对于孩子成长过程的深刻影响与冲击。其实，芬兰在70年前后，也出现过孩子因为老师的态度而受挫，对于一门学科自此兴趣缺乏的憾事。但重要的是，一旦芬兰愿意走向观念上与制度上的教改，真心要给孩子们更好的未来，他们就会去认真改变教育体制里的不符人性之处，并从根本去改善师资水平、改变社会观念、检视教学方式中的各种不合理。

对于北欧或芬兰社会人文不了解的人，可能会望文生义的以为他们还不是有评比、评量，平常有考试、高中有会考。但问题是，当执行这些事情时，若不是从教育的基本理念上出发，就会让考试主宰了教学，评比掌握了学习，这种"反客为主"的情形，在芬兰是不会发生的。

举例来说，芬兰全国教育委员会会从全国所有中学抽样，做学生程度评比考核。学生经过抽样测验之后，校方会收到一份综合统计结果，让学校知道自己学生学习的整体学习状况，但上面从来都不会列出各个学校的名称和成绩来，更不会将所谓"最好的、最不好的"都刊载出来，公诸于世。

这种评量结果出来，各校师长一看，就会了解学校在整体中的表现到底如何。如果校方发现学习成果真的不到一般平均水平的话，都会自行研究，在底哪个环节出了问题。老师可以再帮忙加强吗？对于程度达不到评量标准的学生，又该如何提供适当辅导的机会？

所以考试或评量，都是为了让学校、学生有求进步的机会，有更稳健的客观参考基础。如此一来，大家才能做建设性的改善，而最需要循循善诱的学生，也会因此有了和师长一起往上提升的机会，而不是任由教育工作者成为让差者恒差、弱者恒弱的推手。

也或许芬兰是因为教育单位的基本想法正确，老师和整体社会也未推波助澜地以"竞逐、争赢"为教育最终目的，反而有机会让大家回归到基础教育的根本面向来。

所以在芬兰，我们才有机会听到，小学五六年级的孩子数学没考好，校长跟老师说："管他的数学，今天天气这么好，蓝蓝的天、朵朵白云，老师，你就带学生去森林散步吧！"

而最可贵的是，芬兰的学生考试没考好，老师会自省、反思，还会和校长一起讨论要如何改进，然后自信十足地说："我想要再给孩子一次机会，让学生通过考试，真的懂了教学内容，绝不会因为考不好而受挫。"

看到大女儿那天开心地说着二次的数学考试，让我想起走访芬兰各地所听到、看到，老师们普遍都有着再多给学生一次机会的思维，我不禁深深感叹，什么是公平？什么是评比？它们不该是用来相互较劲的工具，而是真实了解教学效果，然后让老师们思索如何自我改善的基础。

当基础教育的普遍水平无法整体提升，如果连基本的"尊重人性"都无法做到，那教育界和整个社会，实在不应该只会去怪罪孩子们，为什么你们的成绩会那么差吧！

43 芬兰人都满意他的教育吗

芬兰相较于瑞典、丹麦，教学课程确实比较偏重语言与数理。总体说来，芬兰孩子是有学业的压力的，回家也都会有作业，所以上学这档事，在芬兰是蛮严肃的。

女儿们的芬兰同学之中，就有父母亲对芬兰教育颇有微词；对于国际教育评比的优异成果，更是难以置信地隔三岔五嘲弄一番。他们多半会开玩笑说，这必定是搞错了！评比很有问题！绝对是偶然的！

有四个孩子的一位芬兰妈妈说："芬兰教育不够严谨，学生太自由了。我对评比结果抱持大问号！"这其实显示出芬兰是个自由的社会，加上芬兰人原本就有的"严以律己"个性，对教育这项百年大计，还是有着永不休止的期待与鞭策。

在芬兰医护总工会组织任职的莎丽（Sari）说，她和许多芬兰父母一样，正为整体社会的改变而担忧。她觉得现代人愈来愈不快乐，认为以前自己当学生时，社会福利要比现在好。

我笑着说，那是不是全球化的问题，也在芬兰发酵了呢？她心有同感地说，其实芬兰人对于社会还可以更好，本来就有着很高的期许。只是她的忧心，倒也反映出了芬兰人的未雨绸缪性格。

莎丽认为，芬兰的孩子从小就被迫要早早独立，所以相对的，成长过程中的孤独感很重，这也是日后社会抑郁症人口比例较高的原因。抑郁症是芬兰社会另一个层面的问题，虽然如此，她说，还是有更多的人相信，给孩子一个适当而独立自主的空间，正是学习自我独立的最佳方式。

要让孩子从几岁开始学习独立呢？或者要延后到几岁才适当呢？这个答案总有着因人而异的看法与不同的时空条件。然而，芬兰的孩子就如同其他北欧国家，比起其他国家的孩子，从小就享有父母、学校和社会所给予的更多独立自主的空间。

土库市卫生局一位身为妈妈的官员莉萨（Liisa）说，很多芬兰父母都得工作，而学生们的上课时数却比较少，因此孩子下课，结束"兴趣"活动，甚至做完功课后，往往仍然有一段属于自己的独立时间与空间，因为父母还没回到家。

孩子们在学校、在家里，大都有足够的时间去发展自己的兴趣、阅读各种课外读物并与同学们互动等。芬兰人普遍认为，孩子们应该有属于自己的空档时间，学着去自我管理和安排生活，因为孩子被赋予适度的自由，对于成长是良善与健康的。

至于学生们上学快不快乐呢？我想，同样的问题，去问不同国家的孩子，答案一定各异，因为每个国家的民族性和生活环境本来就不同。没错，多数芬兰人不像老美或其他西、南欧的邻居，本来就不擅于表达热情，又不习惯和人亲切地闲话家常，总带点冷面、酷容，期待有点沉闷的芬兰男女主动打招呼，或直接说自己很快乐，可真是有点强人所难。

土库市一所学校的校长瓦里玛奇（Välimäki）说："真要比快乐，希腊学生说他们最快乐！"

但是，瓦里玛奇校长也说："我还是希望能为芬兰学校多带来一些师生间真实的嘘寒问暖，让这些习惯于独立自主的孩子们，能在学校里感受到更多温暖。"

从很多教育界人士的口中，以及自己长期的观察、访谈和体会，我知道芬兰孩子确实比较独立自由，有自己的思想、看法，而且，如果你问一位青少年喜欢不喜欢学校，那最酷的答案铁定是摇头说着："Ei、Ei、Ei！"（芬兰语的No,No,No！）

尤其是每年到了千呼万唤始出来的夏季，谁要是徜徉在森林与湖泊边的小木屋里，还念着学校的话，铁定会被别人施以白眼，看成八成脑筋有问题！

北国的夏日苦短，两个半月的暑假，不仅学校不会出作业想绑住学生的身心，家长也不会逼着学生赶场上各种暑期课辅班，而是实实在在地去休息。芬兰人擅于走长远的路，不是没有原因的。

比起北欧诸国来说，芬兰基础教育的课程难度相对高些。许多芬兰老师和编著书者都说，瑞典的课程是比芬兰简易，还有书上夸张的形容说，丹麦人只教孩子对身、心愉悦有帮助的学问。

芬兰相较于瑞典、丹麦这两个邻居，教学课程确实比较偏重语言与数理，而且，芬兰学生也比北欧其他的孩子更辛苦，因为还得多学瑞典语。总体说来，芬兰孩子是有学业压力的，回家也都会有作业，所以上学这件事，在芬兰是蛮严肃的。

至于芬兰孩子们的孤独感问题，拉普兰（Lapland）罗凡涅米大学的一位教育讲师安妮（Anne）告诉我，总括来说，家庭问题反应社会问题，学校通常就是整个社会的缩影，现今社会有什么问题，学校师生也无可幸免地会受到波及。

因此，芬兰的父母、学校、老师和学生，如何各司其职地让孩子在校或回家都能有个温暖的环境，得到家庭和学校两方均衡的支持与协助，是现今必须要严正面对的重大议题。

当然，这一路走来，也有对教育水平深感骄傲的芬兰人。毕竟，如果芬兰的国家基础教育办得不好，必然会发生家长挤破头想把孩子送进双语学校或是特殊语言班，大家争相抢夺这些特殊教育资源的现象。

但有趣的是，这种事始终未曾发生。

我问过很多芬兰人，似乎大家各有盘算，所持看法却又各有道理，但绝大多数并不认为每个人都非要去念"最好"的大学，或以升学为主的高中不可，而总希望能用"人尽其才"的方式，去考虑哪一种选择对孩子最有益处，或说，尊重孩子自己去选择未来的路。

虽然芬兰总有人对教育、对社会多有抱怨，毕竟这是一个民主社会最可贵之处。

在一次圣诞节前夕，我遇到了上回向我大吐苦水的芬兰妈妈，她一看到我就笑眯眯跑上前说："天啊，我们中学生的国际评比又是成绩优异呢！你看到了吗？"

"当然看到啦！"

"天啊！我实在不知道是什么了不起的原因，让我们的评比又这么好？！"她笑得更开心了。

但这回，她笑逐颜开的话语中，夹杂了很明显不同的骄傲感。

44 和孩子们一起正视问题

学校对于这件危机的处理就是尽快、真诚地让孩子们一起面对，因为孩子已经从报章、电子媒体上看到了消息，而且已然感受到了惊悚。既然没有人能逃避开，总要有人为孩子们揭开灾难的原貌。

2007年11月，芬兰发生了一起震惊国内外的高中校园枪击案。

血案发生的隔一天下午，当时九岁的小女儿下课回到家就急忙抓着我说："妈咪，今天到处都挂了半旗，我一早出门就觉得怪怪的，怎么大家都不把旗子挂好？"我心里叹了口气，了解到这或许是她有生以来第一回看到悬挂半旗的场面。

然后她又急切地问："你知道那个学校的事吗？"

我哀沉地低声说，我知道……

小女儿马上说："我们今天在学校一起为罹难者默哀三分钟，老师也花了一整堂课，和我们讨谈论这次的枪击。"

我一边静静听着，一边却心里想着，嗯，用整整一堂课啊？就问小女儿老师怎么说，怎么和大家讨论的？

她说，老师告诉我们不必过于恐慌和惧怕，我们应该去尽力了解整件事情发生的原因与背景。某一年也曾有过类似的拿枪到学校恐吓的情形，只是这次是真的开枪，所以大家更震惊了！老师还回忆起曾在事发学校的附近小学服务过，过去教过的许多学生毕业后，也多半进入那所中学就读，老师边说眼眶就红起来了……

小女儿接着又说了一些从报章媒体读到的消息，我专注但静默地听着她断断续续讲了一些我已在网络上读到的事件描述，心想，十岁不到的她，懂得真不少，而且是在这么短的一天中。在我和先生都还没决定怎么跟她说之前，她竟都已经知道了，也随着老师一起谈过了。

过不多久，大女儿也放学回来了，一进门就说了和妹妹极类似的话。她的学校也发了一封给家长的信函，大女儿要我立刻收下并且细读一遍。她说："大家知道后都好难过，许多孩子都泪眼汪汪一整天，我也很难过。"

她在我催问之下，才回过神，说了老师和她们讨论了些什么。老师先问大家，为什么会发生这件事？凶手这样做对吗？如果大家遇上这种情况，应该如何面对和自我保护？老师接着说，如果日后是你自己被欺负，或是看到同学被欺凌，一定要马上告诉老师和父母，不要积压在心里，因为积怨造成的压力，有天总会爆发出来……

两位女儿，就这样在一天之中好像承受了一场心灵上的剧烈震撼，却也同时走过了芬兰教育在发生校园危机后的面对悲伤、减卸压力的历程。她们会不会因此而成长了好几岁，我不知道，但我相信她们在第一时间，由老师带着一起面对、讨论，由师生同聚一堂相互安慰、勉励之中，因而了解了事件的大致原委，也学到了悲戚与共、勇敢面对的人生功课。

其实，我和先生在惨剧发生当天就知道这个消息，但是，却没有立刻去"惊动"孩子。一来，过往的经验和教育，让我们一时之间不知该如何向仍属"幼龄"的女儿们诉说，免得造成我们无法预期的不必要恐惧；二来，我们总想要保护孩子的心灵，难以对她们启口讲出血腥与凶残。

但芬兰全国的学校，对于这件危机的处理就是尽快、真诚地让孩子们一起面对，因为孩子已经从遍处所见的报章、电子媒体和网络上看到了消息，而且已然感受到了惊悚。既然没有人能逃避开这场梦魇，总要有人为孩子们揭开灾难的原貌，也总要有人陪着孩子们一起讲出心里的哀伤、感触。老师们就和家长们一样，都是孩子最亲近、最能说清原委的人！

　　每个孩子的成长都是一个奇迹，为人父母的最能体会。尤其在生命最青涩的少年时，心里总有着不被人了解、疼惜的不满，以及无法在同学团体中安身自在的不安。一个孩子最后平安成人，好像多多少少都是一路跌跌撞撞走过来的。

　　如果父母与师长不去了解孩子平时所接触的人、从网上接收到什么讯息，甚至是孩子参与的活动内容是否扭曲、是否腐蚀其尚未成熟的心智，那孩子孤寂心灵所承受的鼓动和污染，迟早会发生迸裂的不幸。尤其在讯息传递大多已网络化、全球化的现代，即使"宅"得彻底，都还能和国界以外的类似团体成员互通声息。芬兰这起校园枪击案凶手就曾经长期和美国科伦拜高中枪击案的崇拜团体有联系。

　　自从家里两个孩子在三四年级开始自己分别搭电车上下学后，她们回家第一件事就是像个新闻台，跟我播报在电车报上读到的大小事，或甚至随手拿了份电车报、小区报等，读着一些我看不太懂的芬兰文消息。

　　有一回，小女儿跟我借芬兰文的电子字典，我随口问说是不是要做功课，她却一股脑儿坐在书桌前，开始一边读报纸，一边查字典，然后跟我说起英国小女孩Madeleine在葡萄牙失踪的各项新闻内容。我看着她好奇不已地想要自己能读懂。

　　我对于学校在枪击不幸事件的隔日，就能花时间和孩子们一起面对、讨论此事，心里感谢万分。从两位女儿带回来的信中，我了解到学校希望家长也能在家中和孩子一起谈谈，信里一并建议了几个简单的论说方式。

　　小女儿学校的信函是这样写的：

　　" All our teachers will discuss the matter in the classrooms during the first lessons on Thursday the 8th November. We'll try to answer all the questions children may have as honestly and calm as possible. We also ask you to talk about the issue at home. "

　　大女儿学校的信函里，也说了类似的话，并提供了协助单位的电话。

" ...In the beginning of the school day the homeroom teachers were responsible for discussing the matter, providing support and comfort to their students... "

该如何向孩子们述说现实世界里的黑暗与悲伤呢？从学校处理这件事的态度，我们也学会了诚实与平和面对，试着回答孩子的所有问题，作为面对真实人生的起点。

45 美丽与哀愁

偶尔总会有人们对芬兰这一年两起的血案发出百般质疑，认为是不是她的教育办得不够好，还是社会出了什么问题？这些疑点，真的不是以一句她的教育好不好，所能答复的。

校园安全，确实在欧美国家已是一项重要议题，但芬兰长期以来都算是治安良好的国家，这是芬兰非常引以为傲的一点，也让多数芬兰孩子从七八岁起，就自己走路、骑车或搭车上下学，少见父母开车接送。

但是，芬兰人拥有枪械的人口比例，的确是世界第三高，仅次于美国和也门。所以，在欧盟各国的法律研讨会议或司法论坛中，曾认为芬兰应该调高合法拥有枪支的年龄，但因为芬兰有关枪械犯罪的案件比例不高，所以这个法律议题，在芬兰始终没有实质浮出台面，直到出了校园枪击案之后。

从社会与心理层面来说，芬兰社会一向有着高比例的抑郁症人口与自杀情形。地处北极圈附近的漫长严寒、阴郁暗夜过长等天候不力因素，是长期公共心理卫生上的一种结构性隐忧，加上今日的青少年，从小接触网络、电影与电玩，其中呈现出来的斗殴、耍狠、拼死拼活和虚妄的英雄主义，影响层面到底有多广，恐怕又是另一项值得深思的隐忧。

2007年11月校园枪击案发生后的隔天，本来不是依规定要挂国旗的特定日子，但芬兰政府单位和民众都同时在清早就挂起了"半旗"哀悼。这天，在赫尔辛基市中心广场上的宏伟白教堂，举办了追悼礼拜，全国各地的教会也都有哀悼礼拜。

全国各学校都请老师们在第一堂课带着学生们默哀数分钟之后，先由师长向学生大致说明了这场事件，与全班一同各抒己见地把心里话讲述出来，然后大家自发性的约定好在案发时间的六点钟左右，为不幸遇难者点上蜡烛。

总统、总理一身黑服地在教堂、国会中诉说着哀思，国会议员也尽皆墨素服饰，整个国会没有党派争辩谁该负责的激荡争吵，没有打闹，没有人要求谁得下台负责，只有共同悲恸的肃然，以及厘清该负起这个责任的相关单位应如何尽快着手应对。这个事件之后，的确有几个社会治安议题与枪支管制的法条，排入第一优先进行讨论、修正。

电视新闻主播们打上深色领带，穿上暗素服装，面容沉重播报着事件的发展与警方调查的进度。这件原本应该在政坛与社会掀起巨浪的校园枪击案。芬兰大众沉静又伤感的面对，透过公开诉说、互相安慰及讨论，走过悲痛，最后放下，并共同思考这个国家到底该如何向前走。这是芬兰的韧性，也是民族性格中那种看清、洗涤伤口之后，试图一起努力找出疗伤之道的笃实。

在责任与法令都可能陷入争吵之前，大家有志一同地先尽其可能抚慰全国上下震荡不已的人心。这需要高度的社会共识，也需要大家人同此心、心同此理，是很不容易做到的事。

争吵，并不会对当下的惊愕与悲恸带来多大的止伤愈合意义，冷静地面对和共同的承担，才是当务之急。芬兰人了解这一点，整个教育界也立刻付诸行动。第一时间就在全国学校发起这样开诚布公的讨论，这需要教育当局和第一线教师多大的勇气，与面对危机时刻的沉静。

风雨泣然，枪击案发生后连续两三天的芬兰，刮起了势头不小的风雨。而那天在全国各地挂的半旗，就在萧瑟细雨中，继续飘着，直到傍晚收下；而长龙一般的蜡烛，已经遍地燃起……

事隔不到一年，芬兰在2008年9月，又发生了一起在成人技职教育中心的校园枪击案。

偶尔总会有人们对芬兰这一年两起的血案发出百般质疑，认为是不是她的教育办得不够好，还是社会出了什么问题？

这些疑点，真的不是以一句她的教育好不好，所能答复的。

其实，每个民族，总有着自己的美丽与哀愁，而生命的成长与开花结果，本就不是一件容易的事，生活更从来都不是日日笙歌的嘉年华会。

北国芬兰，受到其民族性格、过往历史、天候环境与社会变迁等不同牵绊与影响，确实有些外人在短期间难以一窥堂奥之甘苦经历。芬兰人，就同你我一样，也必须学会在遇到棘手、震撼事件之时，展现出该如何正视与应对的智慧。

我很欣慰他们走过伤痛之路时，选择勇敢的正视，而我和孩子们，也能在这些惊诧的功课上，学到了一生受用的智慧。

深受冲击的芬兰，似乎仍深自警思着要如何转化社会气氛之际，2008年11月最新出炉的欧盟研究报告发现，芬兰人们对生活环境的满意度，是欧盟国家中第二名，仅次于丹麦。

衷心期盼大家在看到他人的问题时，除了想想自己还有多少问题尚待解决之外，更可以试着去了解别人有多少美好的事物，与自身仍然难以望其项背的挣扎。

看别人的缺失，落井下石很容易，但并不会对自身的改变有任何好处。欣赏他人的优点，体会到他人如何在刻苦的环境中，面对自我、回归根本，奋力走出一条自己的道路，才能使人生更有启发意义吧！

后记 | Postscript

童话世界里的生命期许

"我宁愿让少数资质优异的学生学习慢一点，来换取更广大的教育公平。"一位同样有两个女儿的芬兰国家中央银行经济研究学者这样对我说。

他说，20世纪70年代时，就有一位根本不是左派的政治人物，语重心长地说出了一句社会正义观念浓厚的话："再差的学校体制，真正优异的孩子还是会有出头的机会。"换句话说，教育体制该照顾的，应该是资质平凡的一般人。这样的思维，其实在北欧一直普遍存在着，而芬兰许多教育决策者也都奉行不渝。因为他们深知，如果广大的公民被遗落在后，如果"教育必须公平"这个想法无法被体制所贯彻，那精英终究只能关起门来自我感觉良好。

资优，不是牺牲基本公平的借口；而精英，也不应建筑在广大社会的匮乏上。北欧社会做得到，是因为他们很早就醒悟，社会是大家的，只有大家都一起"好"，长治久安、永续经营的基础才能立得稳。

虽然社会上总还是会有少许不完全认同的声音，但是相较下，平等思维早已深植于多数北欧人民的心中，成为基本信念。

　　2008年6月的暑假，我再次带着两位女儿造访丹麦的欧登塞（Odense），一路上不禁想起自己六年前初到北欧那年的夏季，满心欣喜地和孩子们去欧登塞找安徒生的故居。那是一种寻找童话故事的兴奋！我们就在安徒生纪念馆和展场区里，一个又一个由童话故事转化成的栩栩如生场景中穿梭来去。

　　当时安徒生之于我，有着甜美童年的记忆，也是一位母亲陪伴年幼孩子聆赏大师充满想象力故事的美好回忆。只是住在北欧六年之后，当我再度造访欧登塞，并沿着朴素宁静的巷弄穿梭之际，却有了全然不同的感受。

　　以往在读安徒生"卖火柴的小女孩"这个故事时，心里叹息的是可怜的小女孩，竟要在严寒冬日的夜晚受冻谋生。当小女孩在冰雪中倒下，昏睡梦中最温馨的想象，竟是望见屋子里灯火通明的温暖欢喜人家。唉，同样都是孩子，却有截然不同的命运。

　　六年后的我，再度带着孩子行经欧登塞的安徒生房舍时，虽然是六月盛夏，却有一股冷冽强风般的惆怅，直直切入心坎，因为在那一晃眼间，那一幅卖火柴小女孩的绘影竟深刻哀沉地浮现在自己的脑海中，宛若最真实的幻影。我猛然觉醒，那小女孩的哀戚和悲剧，绝不只是安徒生写出来的一个童话故事而已，它所隐喻的，是一个又一个残酷社会下的缩影，是安徒生想要唤醒社会良知和公义的警思。

　　一个眼中只看重精英阶层、蔑视弱势的社会，只会让更多卖火柴的女孩故事重演，让更多下一代的弱势稚龄孩童，在冬日寒酷的深夜街头，孤寂望着别人家的灯火通明与温暖。

　　造访安徒生之家后的两个月，我们到了瑞典斯德哥尔摩王后宫（Drottningholm）正前面的海湾，瞧见两只雪白的天鹅，和几只铁灰色毛绒绒的"丑小鸭"。我问女儿们："这是黑天鹅还是丑小鸭？怎么这几只丑小鸭长得这般大？"小女儿笑说："妈咪，这是teenager天鹅啦。"

　　当时岸边这两只气质高雅的大型白天鹅，正张着嘴、贲张着羽翼，以火力十足的音量和岸上一只大狗互相对峙，而伏坐一旁的三只灰毛小鹅则慌张无助地依偎在奋起保护它们的白天鹅旁。

站在岸边的我看得出神，一时忘了那竟然是已似入秋的八月天，不仅飕飕的冷风呼啸来去，连路上的行人都纷纷穿上夹克。北国的夏天，就是这么的短促。眼里所见的白、灰天鹅家族，以及安徒生笔下丑小鸭最终幻变为羽色纯白、气息不凡的大天鹅故事，让我沉思着。

来了北国六年，我将要搬回中国台湾了，但总会想起六年前搬离中国台湾之前，先生的一位同事忧心忡忡地问道："芬兰，你能接受吗？"……

"都已经确定了，还谈什么接受不接受啊。"先生回答说。

在一场道别宴上，一位涉外事务的专业人员对我们说："我跟你们说，你们去那个什么兰的，没有用啦！"

我们愕然问道："没有用？"

他紧接着说："我问你们，她会一次派两艘航空母舰来中国台湾吗？去那种国家一点用处都没有，只有美国才是最重要的——"

"一——点——用——处——都没有？！"我的天，为什么总是有人如此斩钉截铁地给自己一点都不熟识的国家下定论，而且还是所谓的"专业"国际事务人才，我和先生百思不解！

我不禁想起，先前我曾眼见一位待过号称"全球最重要的都市、世界第一强国首善之都"的朋友，就对一位待在偏远太平洋小岛的同事说："你那边的讯息，我连看都不看！"

"看都不看？那些在我们看来是大事，你竟然说连看都不看！"坐他对面的同事怂然回应。我在一旁听着，心想这要是再谈下去，大概就要剑拔弩张了。

我知道，这个世界上太多人习惯以大国，或甚至就以美国的习惯性思维与"标准"来看世界。这不是不好或是不对，只是当任何人习惯只以一种价值观去套用、评断世界其他各地的文化与国情时，应该也要学着多一

156

些对人、对事的基本尊重与同情心吧。

安徒生笔下的丑小鸭，当大家都认为它一无是处，让它受排挤、遭白眼，哪想得到它也有展翅万里、羽翼瑰丽的一天呢？我在瑞典王后宫前所见的，不正是典型天鹅一族蜕变前后的鲜明对照吗？

这世界与人生，本来就应该是无限宽广，有着无穷可能的！美国大老鹰本身，或者只会托庇其下的燕雀，确实不知远方的芬兰这天鹅鸿鹄一家，早已天助自助地完成了奇幻的转变，随时就会一飞冲天了呢！

住在北国六年来，许多想法与观念，一直在不同的跨文化冲击下有所转变。我更深的感触是，在你我生活周遭里的某某学校、某某老师，或是某某人，那些自以为是的言谈之间，那种不知世界有多大的偏狭视野，和随之而来的谬误见解，真不知伤害了多少无辜的孩子们！这样的实例比比皆是，不是常听某些人说："只有念某某名校才对，那个学校你也念啊？"诸如此类。

六年了，想起当初还真有不少人对于我们前往芬兰给予无限的"同情"，和对于这个遥远北国有着无知的"鄙视"。

看过了那几只青春期丑小鸭的我，倏然惊醒，发现自己原来在曾经被外界视为"丑小鸭"的北方天鹅之国里，一住就好多年了。很庆幸自己能见证了这一段天鹅转型的过程。

即将回台了，记下这段北国历程的心情点滴，也要真心感谢那群丑小鸭，和正在振翅奋起的雪白天鹅，它们让我看见了童话世界里的生命期许，原来可以那么真实。

写于2008年12月

芬兰赫尔辛基

芬兰教育全球第一的秘密

珍藏版

**给孩子最好的教育
就是给他最好的人生**

作　者：陈之华
ISBN：9787515342610
定　价：28.00元
出版社：中国青年出版社

★ 超越《虎妈战歌》《哈佛女孩刘亦婷》《好妈妈胜过好老师》，诠释真正的精英教育。

★ 正在改变全球教育的典范，全世界父母和教育者都在效仿她。

★《经济学人》更强烈建议欧美各国领导人"回芬兰学校上课"。

★《中国教育报》郑重推荐！

这是揭秘芬兰基础教育成功第一读本，她告诉我们：

　　教育不是赢在起跑线的百米赛，而是一场与自己赛跑的马拉松。学习不是为了争冠军，而是为了培养终生学习的能力和习惯。

　　比赢在起跑线更重要的是，孩子是否掌握生存的本领，懂得尊重，独立思考，活得有尊严，更体面，感觉幸福。

9节课，教你读懂孩子

妙解亲子教育、青春期教育、隔代教育难题

★ 最美的教育给孩子，最好的方法给家长

★ 领会普通、平实的家庭教育，让教育有序、有趣、有效

定价：39.80元
中国青年出版社出版

亲子教育 从为人父母那一刻起，你就是"孩子的第一任老师"，
任何孩子的优秀都不是横空出世的奇迹，它的因，在家庭；它的根，
在父母。

青春期教育 读懂孩子，避免亲子教育不当为青春期埋下隐患，
提前为青春期的备课：预案—倾听—包容—帮扶—与孩子共同成长，
有备才能无患。

隔代教育 不是一无是处，儿女读懂父母的恩，父母读懂儿女的难，
在"代沟"中求和谐，化解"微妙亲情"产生的"心理暗伤"。